令和版 生きるための論語

広瀬　幸吉

学校図書

まえがき

私が論語と出会ったのは、学生の時です。当時の日本は、戦後から二〇年経ち、高度成長期を迎え、これからもっともっといい時代が来ると、希望と意欲に燃えていました。そして、志を持てば必ず願いがかなう、頑張ればきっと成果が出ると信じて、皆が一生懸命に生きていた時代でした。

そうした時代背景もあり、論語は、私のバイブルのひとつになりました。論語が持つ言葉の力に魅了され、何度も何度も読み返し、論語に関するほかの書物も読みあさったのです。

あれから五〇年以上の月日が流れました。その間、学校法人を創設して子どもたちの教育に携わり、小事業の経営を通して、時代の移り変わりを体験してきました。

今、八〇歳を前にして思うことは、「時代は変わるが論語は生きている」ということです。二〇代からいろいろなことを経験し、とくに、右にするか左にするかの判断が何十回とあったなか、その都度、原点に返ってジャッジしてきました。事業経営も、家庭生活も、交友関係も、困った状況にあったときは、必ず、論語の言葉、たとえば「恕《じょ》」（相手の立場に立つこと）を思い返していたのです。

私は、論語に関する本を今までに一〇冊近く出版しています。論語を、少しでも多くの皆さんに身近なものとしていただきたくて、いろいろな形で出版してきました。

今回出版するこの本は、千葉県の経営者団体の月刊紙「同友ちば」に五年間掲載していたものを、一〇代の方々にも読んでもらおうと、読みやすい言葉に書き直したものです。五一二章ある論語の中でも、若い人たちの生活に密着したものを選び、五段階のステップ式に並び替えて、現代にも通じる解釈をしました。反面、時代錯誤による違和感のある論語に関しては、言葉の奥にある孔子の考えを推察して、その哲学を語ってあります。

私自身、論語の心を持って、論語の目を通して、物事を見、聞き、判断して生きてきたつもりです。そのことに間違いはなかったと実感している今、皆さんに、論語のすばらしさをお伝えしたくて、筆を執《と》りました。皆さんの日々の生活に役立ててもらえれば、望外の喜びです。

令和元年九月　北辰文化倶楽部にて

広瀬　幸吉

目次

第三 観の章

◆第四 共 の章

◆第五 知 の章

◇装丁・本文デザインＤＴＰ／鶴田環恵
◇編集／松永　忍

第一 学 の章

まねることが「学ぶ」ことの第一歩

学とは、「学ぶ」ということです。では、「学ぶ」とはどういうことでしょうか。すぐに頭に浮かぶのは、勉強です。何かを覚えたり、問題を解いたりする作業のことです。しかし、本当にそういうことだけなのでしょうか。

私たちは今、普通に本が読め、文字が書けます。でも、それは何もせずにできるようになったのではなく、周りの環境によってできるようになったのです。

私たちは、おぎゃーと生まれてからすぐに、お父さんやお母さん、周りの人たちに囲まれて育ってきました。お母さんの子守唄や、お父さんの抱っこを皮切りに、いろいろなことを聞いて、見て、触って、においをかいで大きくなってきたのです。

そして、自らも周りの人たちのまねをして、何もわからない赤ちゃんから、だんだんと成長してきました。まねることによって、人間らしさを学んできたのです。

幼少の頃に、人間ではない他の動物に育てられると、大きくなってからもその動物のしぐさで暮らすと言われています。人間として生まれたから人間らしくなるわけではなく、人のまねをするから人になっていくのです。

まねをするのは赤ちゃんだけではありません。私たちも、こういう人になりたい、こういうことができるようになりたいと思ったら、それができる人のまねをすればいいのです。まねることは学ぶことの第一歩なのです。

絵本を読んでもらっていると、次には自分で読みたくなります。周りの景色を見ると、どこに行っても文字でいっぱい。だから文字を覚えたくなります。バスや電車に乗って自由に行動ができ、ひとりで買い物ができると楽しい。だからお金の計算を覚えます。

「学ぶ」ことの原点は簡単明瞭《めいりょう》です。知識を得ることによって、自分でできることが増え、周りのことがよくわかるようになるからです。そうすると、なんだか楽しくなって、ちょっと得意になったりもします。

わかることが楽しくなると、もっともっといろいろなことが知りたくなります。どうしてだろう、なぜだろうと考えると、その答えを見つけたくなります。「学ぶ」ということは、自分が知りたいことを知るためであり、そのことによって自分が成長できることです。自分が成長すると、周りのこともよくわかるようになり、楽しくなるのです。

ここでは、自分は「人としてどう生きるか」を学びます。どういう考え方をすれば幸せになれるのかを、学んでいこうと思います。

学んで習う

学《まな》びて時《とき》にこれを習《なら》う、また説《よろこ》ばしからずや

（学而篇《がくじへん》）

意味 学んだ後に、学んだことを実行する。体験することで、知識が深く身につく。それは、なんと嬉しいことだろうか。

全部で五一二章もの教えを収録した、論語の冒頭の句です。ここに論語の本質が表われています。

「学ぶ」とは、知識を吸収することです。「習う」とは、その学んだことを、実際の行動によって身につけることです。「習」という字は、鳥が羽を動かし飛ぶ練習をする形を表わしています。

私たちは、長い人生をどんなふうに生きていくのでしょうか？　学業を終え、仕事につく。結婚して家庭を持ち、その家庭の生活を守り、自分の子どもや、やがては孫の成長について

考える。そんな遠い先の先のことまで考える。それらはすべて、学ぶことから始まり、学ぶことで広がっていくといってもいいでしょう。

そのためには、人生の先輩たちの知恵に学び、尊敬する人の行動を学ぶことが必要です。

では、どうやって学んだらいいのでしょうか。

それは、優れた人たちを知り、その人たちの生き方や行動を参考にして、まねればいいのです。「学ぶ」は「まねる」ことから始まるのです。

そして、学んだことを実際の行動に移す。それが最も大切なことです。学んで知ったことを、実行してがんばり続ける。そんな毎日の努力が、ひとりひとりの人生を成功へと導いていくのです。

知ったことを実行する、それを「知行合一《ちこうごういつ》」と言います。

「知る」ことは「行い」によって完成するということですが、逆に言えば、知っただけで何も実行しなければ、それは本当に知ったことにはならない、ということでもあります。知っているだけでは、ただの「物知り」です。知ったことを実行して初めて、学んだことが生かせるのです。

その実行が三日坊主になっても大丈夫です。くじけたらもう一度やり直して、また始めればいいのです。三日坊主も、一〇回繰り返せば三〇日の「行動」となります。そうすれば、その行動が毎日の習慣となっていくでしょう。よい習慣が身につけば、いつの間にかよい結果が生まれます。

「習慣」とは「根気」のことです。「運《うん》・鈍《どん》・根《こん》」という言葉がありますが、少し運が悪くても、少し能力が鈍くても、やり抜く根気さえあれば、いつか相応の実績が上がってくるのです。

六言の六蔽

六言《りくげん》の六蔽《りくへい》を聞《き》けるか

（陽貨篇《ようかへん》）

意味 六つの大事な言葉と、それを鵜呑《うの》みにしただけの六つの害について、聞いているか？

この言葉は、孔子が弟子の子路《しろ》に語ったものです。

孔子には、弟子が三〇〇〇人以上いたと言われますが、その中でとくに優れた弟子を「孔門十哲《こうもんじってつ》」と呼んでいます。

その十哲のひとりである子路は、孔子よりも年上です。そして、もともとは町のごろつきでした。正義感が強く勇者でしたが、血気盛んな感情をストレートに表わし、少々型破りな弟子でした。そんな子路ですが、その率直さと行動力を、孔子は好んでいました。

あるとき、孔子がゆっくりとした調子で子路に言ったのが、冒頭に掲《かか》げた言葉です。

子路が「いいえ、まだ教わっておりません」と言うので、孔子は「そこに座って、しっかり聞きなさい」と話し始めました。

まず一つ目は「仁《じん》」という言葉だ。人にやさしくと教えているが、これをそのまま飲み込んで学問を積まないと、ただのお人好しになって、軽く見られる。

二つ目は「知《ち》」という言葉。これも知識を振りかざすばかりで学問がともなわないと、ただの知ったかぶりとなる。

三つ目は「信《しん》」という言葉。信念を持つことは大事だが、学問をおろそかにすると、かたよった考え方になる。

四つ目は「直《ちょく》」という言葉。真っ正直なだけで学問を学ばないと、窮屈になる。

五つ目は「勇《ゆう》」という言葉。勇ましいだけで学問をしないと、無謀になる。

六つ目は「剛《ごう》」という言葉。剛直は好ましいが、学問を重ねないと、ひとりよがりの変人となる。

孔子はこのように、「仁・知・信・直・勇・剛」という六つの美徳も、人間としての正しい道理を学ばなければ弊害となる、と教えたのです。

そこで思い出すのが、仙台藩、伊達《だて》家の家訓です。「六言の六蔽」にも匹敵する名家訓が残っています。

これは、孔子の教えの中心になっている五つの言葉、「仁」「義」「礼」「知」「信」の弊害を述べたものです。

「仁」とは、人にやさしくということですが、家訓では
「仁に過ぎれば弱くなる」

「義」とは、正しいことを行うということですが、家訓では
「義に過ぎれば固くなる」

「礼」とは、礼節を持つということですが、家訓では
「礼に過ぎればへつらいとなる」

「知」とは、学んで知識を持つことですが、家訓では
「知に過ぎればウソをつく」
「信」とは、言ったことは守るということですが、家訓では
「信に過ぎれば損をする」
いかがですか？ 人の危《あや》うさを知り尽くした伊達政宗《まさむね》らしい言葉です。

四をもって教える

四《し》をもって教《おし》える。文《ぶん》、行《こう》、忠《ちゅう》、信《しん》

（述而篇《じゅつじへん》）

意味 先生は、ただ四つのことを教えてくれた。学ぶこと。学んだことを実行すること。誠実であること。ウソ偽《いつわ》りがないこと――これら四つだった。

弟子が言うには、孔子はただ四つのことを教えてくれただけだ、というのです。それは「文」「行」「忠」「信」ですが、この四つの教えは、孔子にとって大切な目標といえるでしょう。

「文」とは、学問を身につけることです。具体的には、物事の道理、人間関係の道理、社会の道理を、先人の知恵から学ぶことです。これらを身につけることによって、視野が広がり、物事を的確にとらえる力が養われ、先を見る力がつきます。「文武両道《ぶんぶりょうどう》」の「文」は、ここから出ています。

「行」とは、実際に行動することです。知識だけでは、絵に描いた餅のように、実際の役には立ちません。得た知識を行動に移すことで初めて、知識として本当に身につくのです。体験することで、より多くのことが吸収できるのです。

「文」と「行」は、この本の最初に述べている「学んで習う」と同じです。知識と体験によって基礎力をつけ、能力を高めていくことを教えています。「学んで習う」は、論語の冒頭に書いてあるほど、孔子の教えのエキスなのです。

知識や体験を通して学ぶことと同じように、人として大切なことが、人柄を磨くことです。そこで、孔子は、人柄を磨くために、「文」と「行」に続けて「忠」「信」を教えています。

「忠」とは、誠実ということです。ここでは人に対しての誠実さではなく、自分に対しての誠実さを言います。自分の心に偽りがないか、真心《まごころ》を尽くしているか、ということです。

「信」とは、信義のことです。人をだましたりウソをつかない、人から信頼される人間か、ということです。人に対しての誠実さを言います。

自分に対しての誠実、すなわち「忠」を目指していれば、世間の評価に関係なく、自信と誇りと満足感が持てます。それは幸福感につながるでしょう。

そして、人に対しての誠実、すなわち「信」を心がけていれば、人間関係、社会生活において信頼される人となり、もっと多くの幸福感が持てます。

この四つの教えについては、孔子はさまざまな場面で、また、それぞれの弟子によって、いろいろな形で教えています。ですから、人生の究極の目標と言われるのです。

温故知新

故《ふる》きを温《あたた》めて新《あたら》しきを知《し》れば、もって師《し》たるべし

（為政篇《いせいへん》）

意味 昔からの教えを知ることで新しい発見をする。それができる人が、「人の上に立てる人」ということだ。

ここでは「故《ふる》きを温《あたた》めて」と読みましたが、「故《ふる》きを温《たず》ねて」と読ませることもあります。古い教えを、温めなおすようによく調べる、またはよく勉強して熟知するという意味です。単に、昔のことを知る、ということではありません。全体の意味は、古い教えをよく見直して、新しい解釈や道理を得る、ということです。

この論語を出典として、現代では、四字熟語の「温故知新」が世の中に定着しています。論語では「教え」を温故するということですが、今は幅広い意味で使われ、あらゆることが

温故の対象です。

古典や歴史など古いものを、何度も繰り返し読み、また調べて深く理解すれば、そこには現代に通用する新たな発見がある、という解釈が一般的ですが、次のような解釈もあります。

それは、古いことを大事にしながら、新しいことも受け入れれば、物事はより奥行きが出て発展していく、というものです。

私は、この「温故を大切にし、知新を取り入れる」という解釈が一番好きなのですが、その例としていつも挙げるのが、ゲーム機で有名な任天堂《にんてんどう》です。

任天堂の山内溥《ひろし》さんは、実業家として本業一筋に生きてきた人です。京都の老舗《しにせ》の花札《はなふだ》・トランプ製造会社の息子として生を受け、半世紀もの間、任天堂の社長として商人道を生き抜いてきました。

多角経営に失敗した後は、他業種には進出しないという方針を打ち立て、家庭内の娯楽機器の製造販売を専門にして大成功しました。今で言う「本業回帰《ほんぎょうかいき》」にいち早く舵《かじ》を切った企業です。

任天堂は、一〇〇年以上続いた老舗の看板を大切に（温故）、常に時代のさきがけとなるアイデアで新しい技術を生み出し（知新）、大きくなってきました。いまや、京都の任天堂から世界のＮｉｎｔｅｎｄｏへと飛躍を遂《と》げたのです。

まさに温故知新、古き良きものを土台に、新しい世の中の流れを取り入れる。言い換えれば、古いものと新しいものとの融合により、日本を代表する企業にまでなった、といえるでしょう。

古きものと新しきものの融合は、事業や組織のマンネリを防いで、更なる繁栄を生み出します。また、それは、個人としての私たちの生活や人生も、レベルアップしてくれるのです。

若い人は、古い人や古い事柄を、古いと言ってないがしろにせず、その中からためになるものを見つけ出す。古い人は、新しいものへの拒否反応やあきらめをなくして、新しいことにチャレンジする。

そうすれば、必ず化学反応が起きて、もっと便利で、人にやさしい社会が生まれてくるでしょう。

知るを知るとなす

知《し》るを知《し》るとなし、知《し》らざるを知《し》らずとなす。これ知《し》るなり（為政篇《いせいへん》）

意味 知っていることは、知っている。知らないことは、知らない。つまり、知っていることと、知らないことをはっきりさせる。それが、「知っている」ということだ。

禅問答のような言葉ですが、論語の中では有名な一節です。「知る」とはどういうことなのかを教えています。

本当に知っていることを「知っている」とする。まったく知らないことを「知らない」とする。そして、中途半端に知っていることも「知らない」とする。これが「知る」ということだ、と孔子は言っています。

本で読んだこと、人に聞いたこと、メディアで見たことを、「知っている」と思うことはよくあることです。しかし、それは本当に知っていることではなく、ただ、見聞きしたことがある、という程度です。孔子は、その段階では「知らない」と同じ、と言っているのです。

見聞きしたことをよく調べ、深く理解して初めて、「知る」ことになる、ということです。

以前、私の知人が、こんなことを言っていました。

「私は、もっと勉強しなければと思っています。いろいろな本を読んで、ある程度の知識は得ましたが、まだ人に話せるほどの知識はありません。できれば、勉強したことを子どもたちに教えたいのです」

何気ない会話の中でしたが、「知る」ということの定義に気づかされた言葉でした。私たちは、少し聞きかじったことでさえ、知ったかぶりをして教えようとします。まして、ある程度勉強したことならばなおさらです。

しかし、知人は、子どもたちに教えるには、もっと勉強が必要というのです。自分がよほど深く理解していなければ、子どもたちにその魅力や良さを伝えられない、というのです。

確かに、難しいことをやさしく教えられるほどになれば、それは、かなり習熟した、「知った」といえるでしょう。

論語の他の章にも、「習わざるを伝えしか」という語句があります。

自分のものとして完全に身につけていない知識を、他人に教え伝えたりしなかったか、と自らを反省する言葉ですが、これもこの論語に通じる教えです。

ところで、この「知らざるを知らずとなす」と、孔子に注意されたのは、勇気はあるけれど、何かとまっしぐらに突き進みすぎる傾向があった、弟子の子路です。

孔子に会う前の子路は、町の荒くれ者でした。秀才でもなく、思慮深くもない彼は、持ち前の人の好さもあって、その場の勢いで知ったかぶりをすることがよくあったのでしょう。

孔子によく注意される子路ですが、孔子は、自分より年上の、この子路を大変かわいがっていました。誰よりも勇気と行動力があり、政治力に勝っていた彼は、孔子に対してもずけずけとモノを言い、論語の中でも、人間的で面白い場面を数多くつくり出しています。論語に最も多く登場する人物なのです。

本を務む

君子《くんし》は本《もと》を務《つと》む。本《もと》立《た》ちて道生《みちしょう》ず
（学而篇《がくじへん》）

意味 「君子」と呼ばれる人格者は、根本を大事にする。根本がしっかりしていれば、人として生きる道が、自然と拓《ひら》けてくる。

論語が教える「根本」とは、もちろん人格の根本についてです。人として、どのように生きて行くかを考えること、と言ってもいいでしょう。

しかし、私は人格だけにとらわれず、広い意味で「本を務む」を考えてみました。

「本を務む」とは、平たく言えば、基本に立って物事を判断し、実行する、ということです。

そのためには、基本をしっかり身につけなければなりません。

人は、とかく初心を忘れ、基本から外れやすいものです。毎日の暮らしに埋もれてしまって、生きるうえで大切にしていたものや、なぜその仕事を選んだのかを、忘れてしまうことはよくあることです。

趣味の世界でも、たとえば囲碁などは、基本を定石《じょうせき》といいますが、定石を覚えずに碁を始めることはよくあります。定石のマスターは地道な作業であり、習得するのはなかなか大変です。また、定石を覚えても、すぐに効果が現われないので、ついついないがしろにしてしまいます。定石よりも、実戦で碁を覚えたほうが、その場その場で勝ち負けがわかり、おもしろいのです。しかし、最後に碁が上達する人は、定石をよく理解し、ひたむきに定石を修めた人です。

基本のマスターが大切なことは、勉強やスポーツ、仕事、あらゆることに共通しています。基本がしっかりしていなければ、次のステップに進むときに、思うようにいかず、つまずくことが多いのです。

基本をないがしろにした悪い例は、近年、世の中を騒がしている欠陥のある建物です。完成したビルは立派で美しく近代的です。しかし、基本にあたる基礎工事は、地中に隠れ、またはコンクリートの中に隠れていて、人の目に触れることはありません。表に決して現われることがない基礎工事だからこそ、しっかり施工しなければならないのですが、それをおろそかにすると、やがて大きな欠陥として、ビル全体にそのしわ寄せが出てきてしまいます。ビルが長い間風雪に耐えられるのは、基礎工事がしっかりしているからなのです。

「基本に返る」とよく言われますが、それは、長い年月が経つと、私たちは、基本を忘れたり、基本を軽視する傾向があるからです。慣れから生じる、人間の悪い癖が表われるのです。

孔子は、それを「本を務めよ」という短い言葉で、私たちに気づかせようとしているのです。さすがと思うとともに、「真理は足元にある」ということを考えさせられます。

古くから言われている当たり前のことが、実は本当に大事なことである、ということを、私たちに教えてくれているのです。

論語を読むことをきっかけとして、自分の足元は？　自分の基本は？　と考えることができれば、それはすばらしいことです。

過ちは改むるに憚ることなかれ

君子《くんし》は、重《おも》からざればすなわち威《い》あらず。学《まな》べばすなわち固《こ》ならず。忠信《ちゅうしん》を主《しゅ》とし、己《おのれ》に如《し》かざる者《もの》を友《とも》とすることなかれ。過《あやま》てばすなわち改《あらた》むるに憚《はばか》ることなかれ

（学而篇《がくじへん》）

意味　君子は、重厚さがないと威厳がない。学問をすれば頑固でなくなる。ウソ偽りのない真心を大切にし、それが伝わらない人を、友人にしてはいけない。自分が間違ったならば、それを改めることを、ためらってはいけない。

ひとかどの人物になるための大切な心構えを、孔子は四つ述べています。

一つ目は、「人物は重くなければ威厳がない」と言っています。孔子は人物論の中でも、「人

の重み」、重厚さを最上としています。

人の重みとは、簡単に言うと、人として軽率であってはならない、ということです。軽はずみや知ったかぶりの言動は、信用を失う元となります。信用の重みが人物の重み、ともいえるのです。

二つ目は、「学べばかたくなにならない。幅の広い人間になる」ということです。

本を読む、人の話を聞く、そして、さまざまな出来事から学ぶ。そういう姿勢をふだんから持っていれば、自然と学識が深まり、視野が広がります。そうすれば、物事を考えるとき、判断するときに、いろいろなことに気づいて、柔軟性を持った的確な結論が引き出せるでしょう。

三つ目には、「忠信（真心とウソをつかない徳）を心がけ、友人も、自分と同じ人物観のある人と交友するのがいい」ということです。

友だちは大切な人的環境のひとつです。幕末の思想家、吉田松陰は「師恩友益《しおんゆうえき》」と説き、よい師から受ける恩や、よい友から得る影響は大きいと言っています。

「朱に交われば赤くなる」のことわざどおり、友を選ぶことは大事です。論語では、好ましい友人を、「正直な人、誠実な人、見聞豊かな人」としています。

四つ目は、「過ちがあればすぐに間違いを改めよ」ということです。過ちは誰にでもあることです。それを反省し改めることに、遠慮も迷いも不要です。間違いを修正することが、次へのステップのバネとなるのです。

論語には、国のリーダーへのメッセージが多く載っています。孔子は、乱世に苦しんでいる民衆が、どうしたら平和で安心して暮らせるかを考えていました。ですから、国を率《ひき》いるリーダーに、君子像、人物像を求めたのです。

しかし、現代に生きる私たちにも、この考え方は、決して的外れなものではありません。その教えを心がけていると、日々に密着した小さな事柄に、かなり応用できるのです。「あっ、このことだ」と気づけば、それはチャンスです。早速行動に移してみてはいかがでしょうか。

倦むことなかれ

倦《う》むことなかれ

意味 飽《あ》きずに続けなさい。

（子路《しろ》篇《へん》）

孔子の高弟の中でも一番元気がよく、政治的手腕も優れていた子路《しろ》が、政治について質問しました。

孔子は、「民の先頭に立って行い、その労をねぎらってやることだ」

そんなことは当たり前と思った子路は、「もっとありませんか？」と重ねて聞きました。

その時孔子は、「倦むことなかれ」と答えたのです。「飽きることなく、続けることが大切だ」

子路には優れた能力と勇気があり、やる気にも溢《あふ》れていました。それらは、物事を成し遂げるにはとても大事な要素です。しかし、子路は少々飽きっぽかったようで、孔子はその欠点を補うために、継続の大切さを教えたのです。

ところで、子路は「当たり前のこと」と一蹴《いっしゅう》したようですが、私は、孔子が言った「先頭に立って仕事をする」「労をねぎらう」ということに、焦点を当ててみました。その時に私の頭に浮かんだのが、第二次世界大戦のとき、連合艦隊の司令長官だった山本五十六《いそろく》の言葉です。

「やってみせ、言って聞かせて、させてみせ
ほめてやらねば、人は動かじ」

まず、自分でやってみせる。それは相手に背中で教えることです。まさに「先頭に立って行う」ということでしょう。次に、ほめて人を動かす。これも「労をねぎらう」ということに通じます。

そして、本篇の「倦むことなかれ」です。これは、ただ単に持続することだけではありません。持続していても、マンネリになったり、形ばかりで中身がともなわなければ、何の意味もないからです。「初心を忘れずに、継続する」、このことが大事なのです。

リーダーとして最も大切なことは、ごくごく当たり前なことなのです。言われてみれば「そんなこと?」と思うかもしれませんが、その当たり前のことを、根気よく実行できるかどう

かが、長い一生の中で大きな分かれ目になるのです。
私たちが、いつも心に思わなければいけないことは、学んで知識を得ること。得た知識を実行すること。実行したことを「日日新《ひびあらた》」の気持ちで継続すること。この三点に尽きると思います。

習えば相遠し

性《せい》相《あい》近《ちか》し、習《なら》えば相《あい》遠《とお》し

（陽貨篇《ようかへん》）

意味 人は誰も、似たり寄ったりで生まれてくる。しかし、さまざまな経験と学習の繰り返しで、ひとりひとりの違いが、大きくなっていく。

生まれつきは、誰もが同じような能力だが、その後の行動や習慣によって大きな差が出てくる、ということです。そこから転じて、習慣がその人の人生を左右する、よい習慣がよい人生をつくる、と言います。

かつて、将棋の世界に、升田幸三《ますだこうぞう》という一世を風靡《ふうび》した棋士がいました。その升田名人が、プロを目指して入門する一〇歳前後の子どもたちを見るときに、その子たちの将棋の腕前ではなく、将棋を指しているときの姿勢を見ると言っていました。「形は心をつくり、心は形をつくる」というように、姿勢のいい子は日常生活においてもけじめがあり、何より将棋を指す姿に勢いがあるというのです。

姿勢は、まさに習慣によって身につくものです。よい姿勢は、その子の育った家庭の習慣から生まれます。お父さんお母さんの教育の賜物《たまもの》であり、よい姿勢を保つ、たゆまぬ継続力によるものです。

よい習慣の積み重ねは、知らないうちに自分自身をよい結果へと導いてくれます。よい習慣は、自分にとっては当たり前のことでも、他の人と比べると、その差がいろいろな所ではっきりと表われているのです。

それが、「習えば相通し」ということなのです。しかし、「言うは易《やす》く、行いは難《かた》し」というように、よい習慣とわかっていても、それを実行して継続することは、大変難しいものです。

どんな立派なことでも、また充分すぎるほどわかっていることでも、実行しなければまったく意味がありません。原理原則を知って、行動し、継続する。そうやって日常生活に生かして初めて、原理原則に血が通うのです。

世に出る人たちは皆、実行の人たちです。彼らは、「何を言ったかではなく、その人が何をやったかを見よ」と、言っています。

毎日実行できる、小さなよい習慣から始めてみてはいかがでしょうか。

すでに富めり

すでに富《と》めり。何《なに》をか加《くわ》えん。これを教《おし》えん

（子路篇《しろへん》）

意味 「（国民は）もう十分に豊かになっていますが、あと、何が必要でしょうか」「それは、教育の充実だろう」

この会話は、衛《えい》の国へ行ったときに、孔子が「人口が多いなあ」とつぶやいたことから始まります。そこで弟子の冉有《ぜんゆう》が尋ねたのです。

「これだけ人口が多く、にぎやかですと、あとは何をしたらいいのでしょう」

孔子は、「民を富ませよう。生活を豊かにし安定させてやることだ」

重ねて冉有が尋ねます。

「民が富んで豊かになりましたら、その上に何をしたらよろしいでしょうか」

孔子は、「民を教育して、人としての正しい道を教える」

孔子は、究極の政策は教育にあり、と断言しているのです。

ところで、孔子が「人口が多いなあ」と言ったのは、必ずしも衛の国をほめたわけではないようです。当時人口が多いということは、その国の政治がよくて、他国から多くの人が集まってくるからであり、いい国という評価が普通でした。

しかし、衛では、人口が多いわりに、国民に安心感や満足感が見られなかったのでしょう。だからこそ、孔子は、冉有の質問に、「これを富まさん」「これを教えん」と答えたのだと思います。

私たちの国の教育水準は、江戸時代の「寺子屋」や「藩校」を見てもわかるように、昔から教育内容の質が高く、教育を受ける子どもたちの層が広いことが、特長となっています。

そしてそこでは、人としての生き方、「徳」について教えていました。

では、「徳」とはどういうものでしょうか。孔子は、「徳」の中でも、とくに三つの徳について教えています。それは、「知《ち》・仁《じん》・勇《ゆう》」です。

「知」は、まず知ることです。本を読み、先人たちの体験・知恵を学び、自分の道先案内とすることです。

「仁」とは、知ったことを実行するとき、相手の立場に立って行う、ということです。物事の善し悪しの判断や、自分と相手のバランスを図るための心がけです。「仁」の心で決断すれば、相手を困らせることがなく、自分も困りません、人を傷つけないから、自分も傷つくことはないでしょう。相手への思いやりは、自分を守ることにつながるのです。

しかし、「仁」に過ぎれば弱くなります。考えすぎて、決断の時を失ってしまうのです。

そのために、孔子は「勇」を忘れるなと結んでいます。それは、自分を前に押し出す強さです。

「知」と「仁」が調和したとき、果断に「勇」をもって行動せよ、と教えているのです。

論語の言葉の中で、必ずといっていいほど含まれているのが、「知」です。「学ぶ」と「習う」

ことが、論語の本質と言えますが、学ぶことが、どれほど「力」になるか、長い人生の中で必ず実感するときがあるでしょう。

固より窮す

「君子《くんし》もまた窮《きゅう》することあるか」

子曰《しいわ》く「君子《くんし》固《もと》より窮《きゅう》す。小人《しょうじん》窮《きゅう》すればここに濫《らん》す」

（衛霊公篇《えいれいこうへん》）

意味 「先生、君子とされる立派な方でも困ることがあるのですか」「いくら立派な人でも間違ったり困ったりすることはあるものだよ。しかし、その時に一流の人は落ち着いて立ち止まり、冷静になって打開策を考える。一流でない人は、困り果てておろおろと取り乱してしまい、的確に対処することができないのだ」

孔子は、自らの理想を政治に生かそうと、弟子たちとともに諸国をめぐり歩きました。その間には、いろいろな苦難に遭っています。陳《ちん》という国へ行ったときには、食糧が底を尽き、その上、病人まで出て、弟子たちの何人かは、立つことさえできなくなってしまいました。

そこで、血の気の多い行動派の子路が、怒って孔子に食ってかかったのです。

「先生、君子でも窮する（困り苦しむ）ことがあるのですか」

言外に子路は、徳の高い君子なら必ずや天の助けを受けて、窮地を救われるはずではないですか、それなのに今のこの状態は何です？　という詰問《きつもん》の意を込《こ》めているようです。

ところが孔子は、落ち着いてやさしく答えました。

「君子ももちろん窮することがある。ただ違うのは、君子は窮しても取り乱さないという点だ。小人は窮すればすぐに取り乱してしまう」

この返答は、穏やかながらまことに痛烈な言葉です。いわゆる感情的になってカッカしている子路をたしなめ、「ほら、そういうふうに取り乱しているおまえは、まさに小人だぞ」と指摘している感じです。

論語は「理想主義」を説いているように見えますが、実は、人間の弱さ愚かさを十分にわかっていて、その危うさをカバーしている教えです。人間の力のなさは当然としたうえで、それではどうしたらいいいか、と考えさせる本なのです。そして、たとえ間違えても改めればいいのだよ、という修正の哲学を持っているのです。

私たちの毎日の暮らしや生活は、調子よく昇っている時も、問題を抱えて下降し始める時も、必ず、その前ぶれとなる「兆し《きざ》」があるものです

上昇や下降に転じる時、現象が変わる点をシンギュラーポイントといいます。そのポイントをいち早く見極めるためには、問題点や疑問点を見過ごさないことです。大きな過ちになる前に、小さな事故や失敗を分析し、冷静に的確に処理することが必要なのです。

孔子は、間違ったらごまかさず率直に認めて、その上で冷静に修正することが、その人の本当の能力だ、と言っているのだと思います。

人生は山あり谷ありと言いますが、実際は谷あり谷あり、ちょっと山があってまた谷がある、ということとの連続です。そんな人生を生き抜くために、謙虚にシンギュラーポイントを察知し、間違いがさらに大きくならないように努める。その積み重ねによって人は成長し、人生もよい方向へ進むのです。

しかし、そう努めていても、困った状況になること、予期せぬ事態に陥ること、間違った判断をしてしまうことはあるでしょう。孔子は、それも認めています。大切なのは、そうし

た時にも、あわてず騒がず、ひとつひとつ問題を解決していく判断力、知力を持つことです。そのために、自分を高めてゆく努力が必要なのです。

下問を恥じず

敏《びん》にして学《がく》を好《この》み、下問《かもん》を恥《は》じず。これを文《ぶん》と謂《い》うなり
（公冶長篇《こうやちょうへん》）

意味　頭がよく、勉強が好きなうえに、自分の知らないことを、歳《とし》下の者や、自分の部下などにも、見栄を張らずに聞く率直さを持つ。それは、なかなかできない立派な態度だといえる。

この中の「下問を恥じず」の一節だけがしばしば抜き出されますが、意味は「歳下の者や自分の部下などにも、わからないことを聞いたり、意見を求めたりすることを恥としない」

ということです。

ある時、孔子の弟子が、どうしても腑《ふ》に落ちなかったので、孔子に尋ねました。

「先日亡くなった方は道徳的に少し問題があったのに、孔文子《こうぶんし》というおくり名（生前の徳や行いに基づいて死者に贈る称号）をもらいました。なぜ格式の高い「文」というおくり名をもらえたのですか」

孔子はその理由として、亡くなった人の長所だけを述べました。

「孔文子は、頭がよいうえに学問を好んだが、それだけではなく、目下の者に問うことを恥じなかった。だから、彼は『文』とおくり名されたのだよ」

孔子の時代は、現代と違って身分や年齢の差が大きく関係する時代で、目上の人が部下の言葉に耳を貸すことは余りありませんでした。ですから、身分や年齢の差を乗り越えて、多くの人から学ぶ姿勢は、当時としてはめずらしいことだったのです。

孔子は、論語の中でもとくに「学ぶ」ことの大切さを教えています。学ぶ姿勢には、謙虚さや柔軟性とともに、学びを受け入れる心の広さが必要です。孔文子には、その美点があったと評価していたのです。

さて、『三国志』でよく知られる劉備玄徳《りゅうびげんとく》は、幼少の頃に父親が亡くなったため貧しく育ちますが、親類の援助を得て学問を学びました。そして、その頃から、玄徳の周りには自然と人が集まってきたというのです。『三国志』では、玄徳の人となりを次のように表現しています。

「語言《ごげん》少なく、よく人に下《くだ》る。喜怒《きど》を色に形《あらわ》さず」

「口数は少ないが、よく人の話は聞く。そして感情を表に出すことがなかった」

劉備玄徳が、魏《ぎ》の曹操《そうそう》、呉《ご》の孫堅《そんけん》と並んで蜀《しょく》を建国できたのは、玄徳が人一倍「戦上手《いくさじょうず》」だったり、政治力が勝っていたからではありません。諸葛孔明《しょかつこうめい》、関羽《かんう》、張飛《ちょうひ》といった、優れた人材に恵まれていたからです。そして彼らは生涯、玄徳のもとに集結し、玄徳が亡くなった後も、その子孫を見限ることはありませんでした。それほど玄徳は、絶大の信頼があり、尊敬され、敬愛されていたのです。

玄徳のリーダーとしての資質、すごさの秘密は、「語言少なく、よく人に下る。喜怒を色に形さず」という人物像に尽きるのでしょう。

論語の「下問に恥じず」、三国志の「よく人に下る」は、私たちの言葉で表現すれば「人の話をよく聞く」ということではないでしょうか。

第二立の章

しっかりした自分の考えを持とう

自立とは、「自立」ということです。

では、自立とはどういうことでしょうか。なんでも自分でできる、人に頼らず自分の力で生きていく、ということでしょうか。部分的な意味ではそうかもしれませんが、自立は、形に表われることではなく、心の持ち方だと思います。

自立とは、自分の考えをしっかり持っている、ということです。自分でできないことは、人に頼ってもいいのです。むしろ、自分のしっかりした考えがあれば、人の力を大いに借りたほうが、よい結果を生むでしょう。

イソップ物語に次のような話があります。

父親と息子が、飼っていたロバを市場へ売りに行きました。二人でロバを引いて歩いていると、それを見た人が、「せっかくロバを連れているのに、乗らずに歩くなんて愚かな親子だ」と言いました。なるほどと思った父は、子どもをロバに乗せました。

しばらく行くと別の人が、「元気な子どもが親を歩かせるとは。なんて親不孝なんだ」と言いました。それを聞いた父は、今度は自分がロバに乗り、子どもを歩かせることにしました。

するとまた別の人が、「自分が楽をして子どもを歩かせるとは。ひどい親だ」と言いました。そこで、二人一緒にロバに乗って行くことにしました。

次に会った人は、「二人も乗るなんてロバがかわいそうだ」と言いました。それではと、親子は、ロバの足を棒に縛《しば》りつけて、二人で担いで行くことにしました。

しかし、ちょうど橋の上に来たとき、ロバは苦しがって暴れだし、川に落ちて死んでしまいました。

いかがですか。道で出会った人のそれぞれが正しいことを言っているようですが、結果は、せっかく売ろうとしたロバを死なせてしまいました。親子がいろいろな意見に耳を傾けることはいいのですが、自分たちの考えや判断がまったくなかったことが、不幸な結末になったのです。

今、私たちの周りは、テレビやネットなどから配信される情報で満ち溢れています。何が正しくて何が間違っているか。どの情報が自分に合っているか。必ず自分自身で選ばなければなりません。

そのためにも、私たちは、より多くの知識を持って、そしてよく考えて、自分なりの価値観、判断力を持つことが大切なのです。それが「自立」です。

徳は孤ならず

徳《とく》は孤《こ》ならず。必《かなら》ず隣《とな》り有《あ》り

（里仁篇《りじんへん》）

意味 真心を大事にしている人は、決してひとりぼっちではない。必ずどこかに仲間がいる。

「徳」を持った生き方をしていれば、たとえひとりになっても孤立はしない。必ずその徳を慕って、集まってくる同志や仲間がいる、ということです。明治時代に横浜で創業し、今でもチェーン展開している「有隣堂《ゆうりんどう》」という書店の、名前の由来はこの論語です。

「有隣」だけを見ると、「あなたは独りではありません。あなたの隣には、いつも誰かがいますよ」と言っているようですが、実は、論語の「有隣」は、その前提として「あなたが徳を持った生き方をしていれば」という、但し書きがあるのです。

「徳」とひと言でいっても、「徳」にはいろいろあります。前章の「学」では、とりわけ重要な「徳」として、「知・仁・勇」を挙げました。同じく「学」の中で、「仁・義・礼・知・信」を説明しました。

「徳」とは、その文字の成り立ちが示しているとおり、「真心を行う」ことです。では、どうしてそういう意味になるのか、「徳」という文字を分解してみましょう。

徳の旧字体は「德」と書き、右側のつくりは真と心、左側は行人偏《ぎょうにんべん》です。ですから「真心を行う」という意味になります。

「知・仁・勇」も「仁・義・礼・知・信」も、知っているだけでは単なる知識ですが、実行がともなうと「徳」になります。

「徳」を持って生きる日々は、その人の人生を豊かにするだけではなく、周りの人々に感化を与えます。後輩や子、孫が、その人の背中を見て、生きるうえで何が大切かを学んでいくのです。

また、それは、良いお手本となって次世代へと受け継がれていきます。家ならば、その家の「家風」となって、おじいさん、おばあさんから、お父さん、お母さんへ、そして私たち世代へと受け継がれていくのです。

「積善《せきぜん》の家には、必ず余慶《よけい》あり」

という言葉があります。積善とは善行を積み重ねることであり、余慶とは祖先の善行によって子孫が受ける幸福のことを言います。

また、「家風」は家だけではなく、学校にも「校風」があり、会社にも「社風」があります。理念や哲学を次の世代にリレーして、そうしてできた積善の歴史が、その学校や会社の雰囲気や特徴となって、風となるのです。

論語は、二五〇〇年前、中国の歴史の中でも、国が大変乱れていた時代に生まれました。孔子は、この不幸な世の中を、どうしたら皆が幸せに暮らせるのかと悩み考え、思想を深めたのです。論語は、国家や社会、そして家庭の平和に至るまで、私たちのおだやかな日々を継続させるための「生き方」の本なのです。

論語の思想が突き詰める先は、「継続」にあります。家庭では、祖父母から受け継いだ生き方や考え方、そして財産を子や孫に伝えること。会社は、継続して存続できること。国は、国民の平和と幸せが長く続く、ということなのです。

知・仁・勇

知者《ちしゃ》は惑《まど》わず、仁者《じんしゃ》は憂《うれ》えず、勇者《ゆうしゃ》は懼《おそ》れず

（子罕篇《しかんへん》）

意味 知恵のある人には、迷いがない。思いやりのある人には、思い悩むことがない。勇気のある人には、おびえがない。

前章でも紹介した「知・仁・勇」の原典となるものです。

「知者は、正しい知識を持っているので、判断に迷うことがない。仁者は、人のためを思うので、思い悩まず安らかな心でいられる。心配ごとは、自分のことだけを思う利己心から生まれる。勇者は、正しいことのために行動するから、恐れることがない」ということです。

簡単に言ってしまえば、「自分のやっていることに、知識の裏付けがあって、相手の立場を考えていれば、何も怖くない」ということです。

論語は、よりよく生きるうえで一番に心がけることは、学び、知ること、としています。学ぶことが、人生の勉強の第一歩ということです。これが「知」です。

次に「仁」です。

人は、人との交流、接点なくしては生きていけません。人は人によって癒《いや》される社会的動物です。ひとりぼっちで生きていくのは、とてもつらいものです。

しかし、人間も大きく「生き物」でくくれば、動物の範ちゅうに入ります。動物の世界は弱肉強食、強いものが生き抜く社会です。生きるために闘い攻撃する、それが本能であり、生きる術《すべ》です。

ですから、私たちが、〝まず自分が大事〟と思うことは自然の法則と言えます。ですが、人類が今日まで万物の霊長としていられるのは、人間は、「彼も人なり、我も人なり」という「共生の心」があるからです。自分もいいが他人もいいという、自他の利を考える心、人さまのために、という心があるからなのです。

他人の立場に立って考える、他人の痛みを知る、という心こそが、「仁」といえます。「仁」は、人間が人間として生きるために、欠くことのできないものなのです。

「勇」とは、学んだことを仁の心で行動に移す「決断力」のことです。どんなにすばらしいことであっても、実行する勇気がなければ、物事は進みません。

人の道にかなっているのに、やらなければいけないのに、やるべきことをやらない。それを、論語では「義を見てせざるは勇なきなり」として、その意気地《いくじ》なさを非難しています。

孔子は、「知」と「仁」を両輪として、一歩踏み出す実行を「勇」とし、「知・仁・勇」を「天下の達徳《たっとく》（とりわけ重要な徳）」としています。

義を見てせざるは勇なきなり

義《ぎ》を見《み》てせざるは勇《ゆう》なきなり

（為政篇《いせいへん》）

意味 正しいことだとわかっているのに、思い切って行動できずに、ながめてばかりいるのは、勇気がない、ということだ。

よく耳にするこのことわざは、前項で述べたとおり、論語が出典です。

「義」とは、人として守るべき道、道理のことです。「正義」と表現する場合もありますが、もっと身近な事柄に当てはめて、「困っている人がいたら助ける」くらいに解釈してもいいでしょう。

かつて「小さな親切運動」というものがありました。小さな親切ならば誰もができること。でも、それをするには、少し勇気が必要です。そのことがよくわかっていたので、あえてスローガンに掲げたのでしょう。

当時、それをもじって「小さな親切、大きなおせっかい」という言葉も生まれました。おせっかいと親切の境目が難しいわけですが、そのことによって、人との交流ができるのは確かです。

最近、人づきあいが困難な時代と言われるようになり、人間関係が希薄《きはく》になる傾向があります。二五〇〇年前に孔子が説いた論語は、そんな現代にも通用する、人間関係のための教本なのです。

コンピュータが出現して以来、人を介さなくても仕事ができるようになりました。しかし、家庭や学校での毎日の暮らしの中で、人とのつながりは最も大切なもののひとつといえます。それは、社会人となってからも同じです。その大切な「つながり」を保つための知恵が、冒頭の語句なのではないでしょうか。

ちょっと勇気を出して、お年寄りに席を譲る。ちょっと勇気を出して、困っている人に手を差し伸べる。そのちょっとの勇気が、恥ずかしさや気後れを消してくれて、人との交流を後押ししてくれるのです。

私は、よく講演に行った先で、「か行の教え」ということを言います。毎日の生活において、心がけるべきことを「かきくけこ」の文字を通して述べるのです。

「か」とは、「風通しよく」。人づきあいではコミュニケーションが大事です。

「き」とは、「気合を入れる」または、「気を合わせる」。やる気とチームワークがそろうと、まさに鬼に金棒です。

「く」とは、「工夫する」。現状に満足することなく、今一歩、よりよくなる方法を考えるのです。暮らしを活性化させる一番の方法です。

「け」とは、「けじめをつける」。暮らしや勉強のけじめは「整理整頓」から始まります。物を整頓し、考えを整理する。そうすれば、自然に効率がアップし、やるべきことがよく見えてきて、問題点も見つかります。

「こ」とは、「行動する」。どんなにためになる教訓でも、実際に行動に移さなければ何の意味もありません。行動することが一番大事なことなのです。
この教えからも、人の「和」がいかに大切か、ということが見えてきますが、その「和」が生まれるもとは、思いやりや小さな親切からなのかもしれません。

数々する

君《きみ》に仕《つか》えて数《しばしば》すれば、ここに辱《はずかし》められ、
朋友《ほうゆう》に数《しばしば》すれば、ここに疎《うと》ぜらる

（里仁篇《りじんへん》）

意味 君主に仕えて、あれこれ意見を言いすぎると遠ざけられる。友だちにいろいろと忠告をすると、けむたがられる。

これは、主君や友人との人づきあいの基本を言っています。「数《しばしば》」とは、何度もとか、うるさくするという意味ですが、相手をいさめる場合などによく使われます。

現代で「数々する」とは、教える、アドバイスする、忠告する、ということでしょうか。どういう状況であれ、何度も繰り返されるとなると、さすがに嫌われるのは当たり前と思いますが、どうでしょうか？　たった一度のアドバイスでも、結構気を使うものではありませんか？

人に何かを教えるときには、「教えの三原則」があるといいます。

「言葉で教える」、これを「教えのはじめ」と言います。

次に、「行動によって教える」、これを「教えの本《もと》」と言います。

そして最後に、「教えは時なり」です。これは教えにはタイミングが大事ということです。燃え盛っている火を消すのは大変ですが、下火になった火や、燃え始めの火は簡単に消せます。それと同じように、相手が聞く耳を持っていないと感じたら、何も言わないことが賢明です。相手の様子を見て、タイミングを計ってアドバイスするのです。「教えの時」を待つのです。

教えるために、教える側の我慢と根気、タイミングを見計らう「待ち」の姿勢があれば、そこまで相手を気づかう気持ちが誠意となり、ツボをついた、心に響く適切な言葉となるでしょう。

しかし、そこで心しなければいけないことは、「権をもって教える」ことです。言い換えれば、優位な立場から教える、たとえば上司や教師、父母などが行うパワハラのことです。

「権をもって教えるは、教えの変《へん》にして節《せつ》なり」と言います。どういうことでしょうか。教える側は良かれと思って教えていても、権力関係や上下関係がある場合、その力によって、「教える」のではなく「従わせている」のかもしれないのです。それは教えの本道ではない、教えの変節というわけです。

また、人の脳は、ネガティブな言葉にすぐ反応し、それを受け入れてしまうそうです。ですから助言は、否定的ではなく肯定的に、悲観的ではなく楽観的にしてあげるのがいいようです。

徳をもってす

政《まつりごと》を為《な》すに徳《とく》をもってす

（為政篇《いせいへん》）

意味 国を治めるには、民を思う心が大切である。

これは、孔子の哲学のひとつ「徳治政治《とくちせいじ》」を具体的に語ったものです。国を治めるための根幹は「徳」にある、という思想です。王が徳を示せば民衆はおのずと王に従う、という考え方です。

イソップ物語にも、『北風と太陽』という童話がありますが、北風（力による政治）よりも、太陽（徳による政治）のほうが、無理をせずに人心をつかむことができる、というわけです。

二六〇年続いた徳川幕府の礎を築いた家康は、非常に本好きで、人生の主な場面の対処は、そのほとんどを本から学んだといわれています。

戦さの仕方を「孫子《そんし》の兵法《へいほう》」で学び、国の治め方を「四書五経《ししょごきょう》」に学び、徳川幕府の基礎づくりは『貞観政要《じょうがんせいよう》』という書物から学んでいました。

家康は、中でも「四書五経」を自らの哲学とし、国を治めるには「徳」が大事であると考えていました。二代将軍秀忠への帝王学として、家康はこう教えています。

「仇《あだ》を報《ほう》ずるに恩をもってす」

「ひどい仕打ちを受けても恨むことなく、むしろ有難いと恩に感じよ。わしは、この言葉を若いときから聞き覚え、常に心に忘れず、大事《だいじ》にも小事《しょうじ》にもそれが大いに役に立った。したがって、これはとっておきの秘密の言葉ではあるが、今日皆に伝えるぞ」

そういう家康ですが、では、豊臣秀頼《とよとみひでより》に対してはどうだったでしょうか。方広寺《ほうこうじ》の梵鐘《ぼんしょう》の銘文《めいぶん》「国家安康《こっかあんこう》」という文字に難癖《なんくせ》をつけて、豊臣家をとことん追い詰め滅《ほろ》ぼしたではないですか。

しかし、これも「四書五経」のひとつに教えがあるのです。「宋襄《そうじょう》の仁《じん》」と言いますが、宋という国の襄公《じょうこう》が敵に無用な情《なさ》けをかけたために戦さに大敗した、という故事があり、時と場合によって情けが身を滅ぼすことを教えています。

家康は論語に学び、「仁」を自分の政治信条、人間関係の基本としながらも、「仁」に過ぎれば弱くなり、ひいては国が乱れることを知っていたのです。

人は矛盾の中に生きています。知に働けば角《かど》が立ち、情に棹《さお》させば流され、意地を通せば窮屈です。

私自身も、時に論語、時に老子《ろうし》、時に孫子と考えています。人の教えを、ただそのまま受け入れるのではなく、自分の考え方（取り入れ方）をしっかり持ってこそ、その教えが生かされてくるのです。

ところで、この論語の教え「政《まつりごと》を為《な》すに徳《とく》をもってす」には、続きがあります。

「たとうれば、北辰《ほくしん》のその所《ところ》に居《お》るに、衆星《しゅうせい》これと共《とも》にするがごとし」

それについて、次項で述べましょう。

北辰

たとうれば、北辰《ほくしん》のそのところに居《お》るに、
衆星《しゅうせい》これと共《とも》にするがごとし
（為政篇《いせいへん》）

意味　たとえて言えば、北極星が空の中心となって、いつも場所を変えず、そのほかの星たちが、周りを取り囲んで従っているのと似ている。

「北辰《ほくしん》」とは北極星のことです。北極星は常にその位置を変えず、他の星は北極星を中心として回っているように見えます。

そこで孔子は「国を治めるのに徳をもってすれば、この北極星のように、人民の心は自然と為政者に向かうものだ」と教えたのです。

「徳」については、これまでもいろいろな角度から述べてきました。徳を身につけることは、人としての基礎づくりを意味します。

何事をするにも、基礎がなくては、物事は大きく成就しません。そこそこは行くかもしれませんが、本物にはならないのです。

それは根っこが大地に張っていない盆栽と同じです。恰好はいいが人の手がなければ枯れてしまいます。基礎がぜい弱なビルも同様です。見た目は同じでも、長い年月や地震、風雪には耐えられません。

基礎づくりは、地味で忍耐を必要とします。人の目に触れることもなく、すぐには成果が現われず、コツコツと、ただひたすらコツコツと積み上げていくものです。

しかし、その地道な努力を続けていくと、いつの日か必ず運命がパッと開けます。大きな役回りがめぐってくるのです。その時を逃さずチャンスをつかまえ、そして自信を持って仕事を成し遂げるのです。

基礎ができているのですから、その力は充分にあります。周りの人たちからもきっと応援してもらえるでしょう。まさに「北辰」となるのです。

成功の秘訣は、「コツコツ、そして、機を逃さないこと」です。明治の幕開けを演出した、勝海舟と西郷隆盛の「江戸城無血開城」も、二人のそうした「コツコツ」と「機を逃さないこと」のたまものでした。

時代が二人の英雄を待っていたのか、二人が時代をつくったのか、どちらとも言えませんが、確かなのは、二人には時代を背負う相当な力があったということです。そして、その力は、小さい時から地道な努力によって育《はぐく》まれてきたものです。まさに、二人の「コツコツ」が日本を救ったのです。

私は、以前より勝海舟の生き方に共鳴していて、『海舟の論語的生き方』という本を出版しています。その中で、海舟がどのようにして偉業を成し遂げたか。二〇二〇年に東京オリンピックが開催されるのも、江戸を無傷で残してくれた海舟のおかげである、と定義づけて執筆しました。その海舟も、論語に基づいて考え、行動していました。

私は、西郷も海舟も、まさに「北辰」だったと思うのです。

「大勢の輪の、真ん中に押されるほど、みんなから尊敬され、慕われるような人が、リーダーの理想像。自分から、上に立とうと出て行くのではなく、周りから薦められて出てくるような人が、本物のリーダーである」ということです。

躁・隠・瞽

言《げん》、及《およ》ばずして言《い》う。これを躁《そう》という。言《げん》、及《およ》びて言《い》わず。これを隠《いん》という。顔色《がんしょく》を見《み》ずして言《い》う。これを瞽《こ》という

（李氏篇《きしへん》）

意味 **話が終わる前に口をはさんでしまう。これを「でしゃばり」という。話を聞き終わっても、自分の考えは何ひとつ言わない。これを「いいかげん」という。相手の状況も考えずに、言いたいことを口にしてしまう。これを「とんちんかん」という。**

これは、「会話の大原則」を述べた言葉です。

これまで、人の話を聞くことの大切さを何度となく述べ、口数少なく重厚なことが徳のある人物と書いてきました。しかし、ただ黙っていればいいかというと決してそうではなく、話すことが重要なことは言うまでもありません。私たちは上手なコミュニケーションを図るために、その場にあった話し方をいつも勉強しています。

そこで、ここでは、話し方の原則について述べた論語を用意しました。ひと言でいえば「躁《そう》・隠《いん》・瞽《こ》」です。

「躁」というのは騒がしいということで、口を開いてはいけない時にベラベラしゃべる、人の話の腰を折る、まだ言うタイミングではないのにしゃべる、ということです。

「隠」とは、言うべき時に言うべきことを言わない、見て見ぬふりをする、ということです。

黙っていればいいというものではなく、とても無責任な行為です。

「瞽」とは、もともと「目の不自由な」という意味ですが、話をする時に相手の顔を見ない、相手の様子を観察もしないで、相手の興味のないことをダラダラしゃべる、ということです。

これらはすべて、してはいけないことです。ですから、話すタイミングを考えて言う。言うべき時、言うべきことは言う。相手の様子を見ながら話す。これが大事だということになります。

人の話をよく聞きながら、相手の話の腰を折らないように、その場の雰囲気や反応を見ながら、自分も会話に参加する、または意見をきちんと述べる、ということです。

人の話をよく聞くことができるようになると、落ち着いて話すことができるようになります。目配りがきいた話し方は、会話がスムーズに進み、周りの人たちと心地よい空間を共有できるようになるのです。

この論語の言葉は、もともと君子に仕える時の心構えとして、「絶対にしてはならない三つのこと」を戒めた言葉なのです。「君子」とは、徳を備えた教養ある立派な人のことですが、論語の至るところに登場する君子についての記述を、いくつか見て行きましょう。

君子に三戒あり

君子《くんし》に三戒《さんかい》あり

（季氏篇《きしへん》）

意味 教養を積んだ立派な人は、その人生の途中で三度、自分を見つめ直している。

「三つの戒め」が次のように述べられています。

一番目は、若い時期。まだ心が不安定な年頃だから、異性の魅力に惑わされないように気をつける。

二度目は、働き盛りの時期。仕事も順調になって、血気盛んなときだから、争いごとをしないように気をつける。

三度目は、年老いてから。もう十分に目標を達成したころになると、名誉や肩書きなどを欲しがるようになるので、それに気をつけなければならない。

人には、悲しい性《さが》があります。楽しいと、楽しいほうへ楽しいほうへと傾いていくのです。うれしいと、うれしい気持ちでいっぱいになり、注意がおろそかになります。悲しいと、悲しさで胸がつぶれ、やる気が失われてしまいます。怒りは、節度を持たないと暴走してしまいます。その人間の本性を、孔子は年齢になぞらえて言っているのです。

若い時、勉学や人生の基礎づくりの時に、本来するべきことをないがしろにして、本能のままに色欲に傾いてしまう。なんともったいないことでしょうか。

種をまき芽が出て、さあ花が咲くと楽しみにしていたら、咲かずに枯れてしまう。見事に咲いたから収穫ができると期待したら、実をつけずに落ちてしまう。

これは、やるべき時にやるべきことをしないと、期待した結果は生まれない、というたとえです。

四〇代になり、世の中が多少見えてきて、仕事も順調、体力にも自信がある。となると、自分はできるという過信が、他人との闘いを好み、人の意見が耳に入らず、惰《おご》りの道を歩むようになります。壮年時《そうねん》（三〇歳から五〇歳）の驕りは、耳順《じじゅん》（六〇歳）を過ぎたころにはっきり形に表われ、健康や仕事、家庭生活に影を落とします。

そして老境に入った時、経済的にも人間関係にも、もっともっとと自分の立場を誇示し、人としての卑しさがあらわになってしまうのです。

「四時《しじ》の序《じょ》、功《こう》あるものは去《さ》る」

季節がそれぞれの役割を終えると次の季節と交代するように、功名を成し遂げたら後進に道をゆずる、という言葉があります。

老後を迎えたら、これまでの経験を活かし、後進を育てるために、あるいは自分自身の人生の楽しみのために生きる。逆に言えば、それは、年齢と経験を重ねた者にしかできないことです。生涯現役に生きるための、オンリーワンの道ともいえます。

標題の三戒の教えは、転ばぬ先の杖として、年齢相応の賢い生き方に応用できる知恵です。これもまた、自分を見失わないための、大切な教えといえるでしょう。

君子は器ならず

君子《くんし》は器《うつわ》ならず

（為政篇《いせいへん》）

意味　君子は、用途の限られた器のようなものではない。

ここで言う「器ならず」とは、型にはまらず応用がきき、時に変幻自在に形を変えながら物事を処理する、ということです。

定まった形がなく、用途に応じていろいろに変化するもの、そして、この世になくてはならないもの、ということから思い浮かぶのが、「水」です。

「上善《じょうぜん》は水《みず》の如《ごと》し――上善如水《じょうぜんじょすい》」

という言葉があります。「最高の善は、水のようなものである。水は、万物に利益をあたえながらも他と争わず、器に従って形を変え、自らは低い位置に身を置く」という意味です。「水」は、丸い器には丸く、四角い器には四角く、器に応じて姿を変えます。水の柔軟性を表わしています。そして、小さな水滴は、何年もかかって硬い岩に大きな穴をあけます。水の持続性をいいます。あらゆる生物の命の源であるにもかかわらず、水は、一番低い所にいます。水の謙虚さ、私心のなさをいいます。水は、本来は、岩や木を避けながら流れます。水は争いを避けるのです。

この、水の特性と「器ならず」は、よく似ています。「器ならず」の生き方は、君子に限らず、私たち凡人にとっても、上善といえるのではないでしょうか。

ところで、「器ならず」の例として、私はいつも、西郷隆盛を挙げています。

坂本龍《さかもとりょう》馬《ま》が西郷と会ったとき、龍馬は西郷を評して、

「西郷は小さく叩けば小さく響き、大きく叩けば大きく響く。
まるで釣鐘《つりがね》のような男だ」

と言ったそうです。相手や物事に合わせて、それ相応に対処する、西郷の人間の幅、広さ、大きさを、そのように表現したのでしょう。

論語では、リーダーは器ならずと言って、「器」を型にはまったもの、使い道が限られたものとして軽んじていますが、今、リーダーに対して、社長の器とか首相の器、という言い方をします。「器」が、時代を経《へ》て「リーダーにふさわしい器」というイメージになったのでしょう。論語から進化した表現ですが、それだけ論語が一般的になっているのだと思います。

私たちが生きている現代社会は、時として矛盾に満ちています。価値観はまさに千差万別です。そういう世の中で生き抜くためには、めまぐるしく変化する社会現象に、敏感に対応していかなければなりません。

ですから、はじめから、これはやらない、できない、と決めつけるのではなく、自分を信じて、目の前の一歩一歩を進んで行くのです。歩いていれば、ひとつ角を曲がれば景色が変わるように、私たちの道も自由に変えられます。

「器」を決めずに、未来を楽しみに、今を大切に生きていきましょう。

必ず察す

衆《しゅう》これを悪《にく》むも必《かなら》ず察《さっ》し、衆《しゅう》これを好《この》むも必《かなら》ず察《さっ》す

（衛霊公篇《えいれいこうへん》）

意味 みんなが嫌っている人だからといっても、それを鵜呑みにはしないで、直接会って、自分の目で確かめる。みんなが好きだという人でも、その評価を鵜呑みにしないで、直接会って、自分の目で確かめる。

物事の評判とか、人の人気や評価はあてにしない。世間がその人や事柄を、悪評しても好評しても、そのままを信じないで、自分の目で判断して確認することが大事、ということです。とかく人の評判は、それを評価する人の立場や都合で、良くも悪くもなるものです。世の中のことは、ある人にとっては善、立場の違う人にとっては悪ともなり、見方によってまったく違う評価になるからです。

また、表面には出しにくい嫉妬心があったり、利害が絡んだり、好き嫌いによって、物事は事実から遠のいてしまうこともあります。

「有名無力《ゆうめいむりょく》、無名有力《むめいゆうりょく》」

という言葉があります。世間的には成功し名前も知られて有名ではあっても、おつきあいをしてみると、案外、中身がなく見かけ倒しである、というのが「有名無力」。

逆に、有名とは無縁だが、地道に努力を続けていて学識が豊富、人格的にも立派な人、というのが「無名有力」。

論語では、人生の根っこの部分を大切にします。ですから、たとえ無名でも、本質は有力の人であれと教えています。

有力の人とは、遠くで見ていると気がつかないが、近くにいると、教わることが多く良い感化を受ける、という人であり、そういう人は自然と世に尊ばれるものです。

有名無力、無名有力の話は、いかに世の中の評判と実態が異なるかという、ひとつの例です。

また、人の評価と自分の評価は違うという例でもあります。

「察す」とは、何事においても、自分の目で事実を直視し、そして深く洞察せよという、孔子の生き方に対する哲学です。そこには、自分を信じ、自分の道を歩めという、孔子のメッセージが込められています。

自信を持ちすぎる、過信は避けなければいけませんが、評判に惑わされ右往左往してしまうのは、もっと愚かなことです。自分の「ものの見方」を、きちんと持つことが大事なのです。

用捨行蔵

これを用《もち》いれば行《おこな》い、これを捨《す》てれば蔵《かく》る
（述而篇《じゅつじへん》）

意味 頼られれば、役割を果たし、役割が終われば、いさぎよく退《しりぞ》く。

「蔵《かく》る」とは退くことで、意訳すれば、「自分の出番が来れば責任をもって取り組むが、自分が必要とされなければ引き下がる」ということです。この論語から、「用捨行蔵」という四字熟語が生まれました。

「見えざるを努む」

という言葉があります。人に見られているか見られていないか、ということに関係なく、自分を高めるための努力をする、ということです。

人が見ていなくても、やるべきことをきちんとやっていると、いつか自分が必要とされるチャンスがめぐってきます。自分の力を発揮できる時が来るのです。それが「用いられれば行う」ということです。

「捨てられれば蔵る」とは、それと対句になった言葉と言ってもいいでしょう。必要とされていなければ、いつまでも「自分が自分が」と出すぎるものではない、ということです。

私は、拙著《せっちょ》『海舟の論語的生き方』で、勝海舟の魅力のひとつとして、引き際《ぎわ》の見事さを挙げました。

「行蔵《こうぞう》は我に存《そん》す」

これは、海舟の言葉ですが、「自分が世に出るか退くかは、自分自身で考えて決める」、ということです。

あるとき、海舟の隠居所に、ある役人が来たそうです。海舟の日記にその場面があるので紹介しましょう。

「ある役人が来たから、おれはもう辞めたらどうかといった。彼は、これも国家のためだから、いやいやながらも辞めるわけにはいかない、と言う。それはいけない。それは自負心《じふしん》だ。うぬぼれだ。と答えたよ」

他人が「まだまだ」と引き留めても、自分自身で状況をよく見極め、ぐずぐずとその地位に未練を持たない、潔さと決断が必要、ということが伝わってきます。

実際に海舟は、どんな場面でも決然とした引き際に徹していました。それは、海舟の信念であり、哲学だったのでしょう。

美点凝視

閔子《びんし》、かたわらに侍《じ》す。誾誾如《ぎんぎんじょ》たり。子路《しろ》、行行如《こうこうじょ》たり。冉有《ぜんゆう》、子貢《しこう》、侃侃如《かんかんじょ》たり。子《し》、楽《たの》しむ

（先進篇《せんしんへん》）

意味 弟子の閔子騫《びんしけん》が、孔子のすぐ脇に座っていた時のこと。その姿は、かしこまっていて、とても行儀のよいものだった。その横の子路《しろ》は、力強く、堂々としていて、冉有《ぜんゆう》と子貢《しこう》は、とてもなごやかな様子だった。先生は、弟子それぞれの持ち味の違いを楽しんでいた。

孔子は、弟子たちひとりひとりの気質や性格、長所や短所をよくわかっていました。この論語では、弟子たちの様子を楽しげに眺めながらも、彼らの特徴をよく言い当てています。

人にはそれぞれ個性があります。その個性をよく承知したうえで仕事を割り振れば、その仕事の成果は格段に上がります。

「人を見て法を説け」、「病に応じて薬を与えよ」と言いますが、成果を挙げるためには、それぞれの特徴をよくわかっていなければなりません。そして、その特徴の善し悪しや、好き嫌いを言わずに、それを冷静に受け止めることが必要です。

徳川家康が、いかにも暗い顔つきの家来をそばに置いていました。それを不審に思った重臣が、そのことを問うと、家康はこう言ったといいます。

「通夜《つや》の席に、自分の名代《みょうだい》として行くには最もふさわしい」

家康の人づかいの絶妙さが表われていますが、「美点凝視《びてんぎょうし》」「適材適所《てきざいてきしょ》」とは、まさにこういうことです。

明治維新で活躍した勝海舟は、

「人はどんなものでも、決して捨てるものではない。いかに役に立たぬといっても、必ず何か一得はあるものだ」

「鴨の足は短く、鶴のすねは長いけれども、それぞれ用があるのだ」

と言っています。

海舟は、徳川幕府の陸軍総裁という地位になっても、火消しの親分の新門辰五郎《しんもんたつごろう》や落ちぶれた祈祷師《きとうし》とのつきあいをやめませんでした。

そんな海舟は、幕府によって処刑が確定した薩摩藩士さえ救っています。以前から交流があった益満休之助《ますみつきゅうのすけ》の身柄を預かったのです。益満は、西郷隆盛の指示に従って江戸を混乱させ、その罪で逮捕された、いわば幕府の敵でした。

しかし翌年、海舟から説得された益満は、山岡鉄舟《やまおかてっしゅう》に同行し、西郷隆盛との会見の橋渡しをしています。

家康や海舟の成功の秘訣は、「人をやたらに捨てない」という考えを持っていたからなのかもしれません。

孔子が弟子たち四人の特質をよく見ているように、私たちも、自分と相手の個性を知ることが大切です。そのうえで、自分の持ち味を生かし、相手の持ち味を生かす方法を見つけるのです。

言い換えれば、私たちには、十人十色、百人百様の特徴があります。それぞれの特性を生かしながら、他の人の特性を受け入れれば、何倍もの仕事ができる、ということでしょう。

過ぎたるは、及ばざるがごとし

過《す》ぎたるは、なお、及《およ》ばざるがごとし　（先進篇《せんしんへん》）

意味　過ぎているのは、足《た》りないのと同じくらい、よくないのだよ。

「何事も、度を越すのは、不足しているのと同じように、よくない」という意味のことわざとして有名ですが、これも出典は論語です。

さて、この孔子のセリフが出てくるまでのいきさつを紹介しましょう。

弟子の子貢《しこう》が、孔子に質問しました。

「子張《しちょう》さんと子夏《しか》さんとでは、どちらが優れているのでしょうか？」

孔子は、「子張は、少しやりすぎる傾向があるし、子夏は、少々物足りないな」

子貢は、「では、子張さんのほうが優れているということですか」

孔子は、「いや、違う。やりすぎは、物足りないのと同じように、よくない」

具体的に言うと、積極的すぎると、先ばかり見ていて足元がおろそかになる。逆に、消極的すぎると、慎重なあまりチャンスを失う、ということでしょうか。何事もバランスが大事、ということですが、たとえば、私たちが持っている本能についても、同じことが言えます。

本能とは、生きるために生まれつき備わったもののことであり、その本能が失われると死に至ることさえあります。ですが、その本能のひとつ、食欲についても、過ぎることはよくないのです。食べすぎは、いまや万病の元となることは、誰でも知っています。

また、人は社会の中で暮らしているので、人に認めてもらいたいという欲求、認証欲求があります。この欲求は、時に向上心となり、時に忍耐力や持続力を生む元となって、優れた人物になるための大きな力になります。しかし、これも度が過ぎると、身を滅ぼす原因になるのです。

勝海舟、山岡鉄舟とともに、「幕末の三舟《さんしゅう》」として名高い高橋泥舟《たかはしでいしゅう》は、人の欲についておもしろい句を残しています。

欲深き　人の心と　降る雪は　積るにつれて　道を失う

人間は欲の多い生き物です。欲望をどんどん膨らませ、もっともっと多くのことを望みます。それが、人としての性《さが》であるとも言えますが、往々にして、その性が悲しみをもたらすのです。

人生の間違いは「驕《おご》りの一字」と言います。驕りは、必要なものより欲しいものを手に入れ、人より優位に立ち、得意になって自慢したいという気持ち、欲望から生まれます。

欲の行きすぎを戒める言葉として、老荘思想《ろうそうしそう》の中にも「足るを知る」という言葉があります。「もっと、もっと」と思う前に、自分にとって何が必要かをよく考え、必要以上を望まず、それに満足するということです。

二六〇年続いた徳川幕府、その基礎をつくった家康は、「過ぎたるは、なお及ばざるがごとし」を家康流にアレンジして、こう語っています。

「及ばざるは　過ぎたるより　勝《まさ》れり」

「人はただ　身の程を知れ　草の葉の　露も重きは　落つるものかな」

「足りないのは、過ぎているよりもよい」というのです。

二番目の遺訓《いくん》もまた、「自分が、自分が」と出しゃばるのではなく、謙虚さが大切だと教えているのでしょう。

言は訥、行いは敏

君子《くんし》は言《げん》に訥《とつ》にして、行《おこな》いに敏《びん》ならんことを欲《ほっ》す

（里仁篇《りじんへん》）

意味 教養を備えた立派な人は、口数は少なく、行動を起こすことを、すばやくありたい、と願っている。

孔子は、雄弁に語る人よりも、行動を機敏にする人のほうが、人間としてより信頼がおける、と言っています。

言葉は人類の宝ですが、時に言葉は、自分にとって都合のよいものになりがちです。言葉

が多いと、どうしても自分を語りすぎる、飾りすぎるものとなるからです。多弁は、自慢であったり、欲求であったり、言い訳や愚痴《ぐち》になります。

かつて、テレビCMの「男は黙って……」というセリフがはやりました。また、歴代総理大臣の中では、よくしゃべる首相よりも、簡潔で短い言葉で話した小泉純一郎氏の印象が強く残っています。

もともと日本人は、沈黙、寡黙《かもく》を美徳としてきました。そして、不言実行《ふげんじっこう》を最上の徳としてきたのです。

しかし、世の中がグローバル化してきた今、西洋の価値観やビジネスの慣習が組み込まれ、有言実行型、自己PR型が登場してきました。確かに、言葉ではっきり示すことは重要なことです。ですが、言葉は、実行がともなって初めて生きてくるものです。信頼される言葉を支えるのは、「行動」なのです。

行いは、その人が生きてきた「証《あか》し」です。言葉に実体はありませんが、行いには確かな実体があります。ですから「信用」は、何を言ったかではなく、何をやったかである、と言うのです。

そして孔子は、行動はなるべく早く起こすのがよい、と言っています。速さは誠意です。

そして、勤勉さであり、相手への思いやりに通じます。

世の中には、古今東西、実に多くの名言があります。それぞれ、どれも人生の真髄《しんずい》をついた言葉ですが、それらの名言も、実績を残している人たちが言ったから名言となるのです。実績がない人が何を言っても、私たちの心には響きません。

言葉よりもまず実行、というこの孔子の言葉には、孔子の実践主義、実行しなければ何も生まれない、ということが集約されているのです。

賢を賢として色に易える

賢《けん》を賢《けん》として色《いろ》に易《か》え……

(学而篇《がくじへん》)

意味 誰しも美人は好むもの。美人を好むように、賢人を尊敬し……。

孔子の高弟の子夏《しか》が言った言葉です。「賢」とは賢者のこと、「色」とは美人のことです。誰しも美しい人には目が向き、心を奪われる。しかし、賢者には気がつかない人が多い。美人を好むように、賢者にも尊敬の念を持って欲しい、と子夏は言っているのです。もっと学問や賢者を大事にする世の中であって欲しい、と願っているのでしょう。

一方、子夏は、学問の力はなくても、人として誠実であれば賢人である、とも言っています。「美しい人を愛するように賢い人を尊敬し、力の限り両親に尽くし、君主に献身的に仕え、友人に対して誠実であったならば、たとえ無学の人であっても、私は立派な賢人と呼ぶでしょう」

論語の全篇を貫く本質は、「人はいかに生きるべきか」ということです。つまり、人として誠意を持って生きるためにはどうしたらいいか、ということが根っこになっています。

それは、人間が本性として持っている欲や驕《おご》りを、学問の力で抑えることを教えている、とも言えるでしょう。ですから、賢者とは学問をした人、または学問をすれば賢者になる、と考えたのです。

当時、無学の人とは、名もなく地位もなく貧しい人たちでした。そういう無学の人を、誠意の人＝賢者と認識するのは、相当の人物眼を持った人といえます。「賢者は賢者を知る」といいますが、子夏だからこそ、その人の誠実な人柄が見抜けたのです。

かつて、賢者が側《そば》にいるにもかかわらず、賢者を見抜けなかった悲劇の歴史がありました。

明治時代の文豪、坪内逍遥《つぼうちしょうよう》が、豊臣家の滅び行く様《さま》を『桐一葉《きりひとは》』という戯曲《ぎきょく》にしています。「桐一葉　落ちて天下の　秋を知る」――桐の葉が散るのを見て秋の訪れを感じた、という俳句に、豊臣家の滅亡を重ね合わせたのです。

豊臣家は、徳川家康によって存亡の危機に立たされます。豊臣家の重臣だった片桐且元《かたぎりかつもと》は、家康と淀君の間に立って調整に奔走しますが、豊臣家を何としても潰したい家康は、難題を持ちかけて且元を苦しめるのです。思うようにことが進まない豊臣家の不満は、とうとう調停役の且元に向けられてしまいました。あろうことか、且元を裏切者扱いするのです。そこで且元は、もはやこれまでと、豊臣家を去ってしまいます。

後世の歴史家は言いました。豊臣家の滅亡は、忠臣・片桐且元が去ったことによって確定的になったと。「桐（片桐）一葉　落ちて天下の秋（豊臣家滅亡）を知る」のです。

賢者が去ったとき組織は崩れるといいます。リーダーが賢者を見分けられなかったとき、悲劇が起こるのです。

こうした例は歴史の至るところにありますが、それは、「人を見る目」がない、賢者を見極められなかったことが、原因なのです。

汝は画れり

力《ちから》足《た》らざるものは、中道《ちゅうどう》にして廃《はい》す。今汝《いまなんじ》は画《かぎ》れり

（雍也篇《ようやへん》）

意味 本当に力が足りなければ、途中で投げ出していただろう。くじけずにここまできたのだから、今ここで、勝手に限界だと決めてはいけない。

弟子のひとりが、自分の力不足を嘆き、孔子のもとを去ろうかと心が揺れている時に、孔子が言った言葉です。

「画れり」とは限界をつくる、ということです。「自分で自分の限界をつくっている。できない言い訳をしている」と、孔子は弟子を叱りました

江戸時代の国学者、本居宣長《もとおりのりなが》は、医者をするかたわら、日本最古の歴史書である『古事記』の研究をしました。奈良時代に編纂《へんさん》された『古事記』は、江戸時代には難解すぎて、もはや

誰も読み解くことができなくなっていました。宣長は、その歴史書をわかりやすくまとめ、三五年余りもの年月を費やして『古事記伝』を完成させたのです。

その宣長が言うには、「物事において、遅いということはない。能力がないということもない。まして時間がないということなど決してない。恐れるべきことは、やる気がないことだ」。

言い換えれば、「意欲がなければ、何事も成し遂げられない」ということでした。

すべてにおいて創造力を生む源泉は、「体験」×「意欲」と言われます。やったことのノウハウとやる気が重なれば、どんどん知恵やアイデアが浮かび、世界は広がっていきます。可能性が倍加するのです。

孔子が弟子に言った「今、汝は画れり」という言葉は、よくあることとして、私たち皆に当てはまるのかもしれません。私たちは、何かをする前から、あるいは取りかかってからも、どうせできない、やっぱり無理、と簡単にあきらめてしまう傾向があります。

目標を立て、自分を信じ続けてこそ、道は拓けるのです。やる気さえあれば、たとえ行き詰まっても、次なる転機、新たな展開が見えてくるものです。

第三 観の章

よく見て、聞いて、考える

観とは、「観察」することです。単に見るだけではなく、物事の状態や変化を深く見ることです。「観察」と聞くと、なぜか自然科学の世界のように感じられますが、実は、私たちの周りで起こる普通の出来事についても、観察することが大切なのです。

では、まず何を観たらいいのでしょうか。

一つ目は、それが本物か偽物か、ということです。美術品からお札まで、本物そっくりな偽物があります。その見分け方は何か。それは、いつも本物に接することです。最初は違いがわからないでしょう。でも、必ずいつか違いがわかるようになります。ですから、本物を見て、本物を聞いて、本物を触って、本物を味わってください。そして、そのことを楽しむのです。そうすれば、自然と見分ける力がついてきます。

二つ目には、物事をいろいろな角度から観る、ということです。木の葉にオモテとウラがあるように、世の中のあらゆることは多面性を持っています。一つのことでも、見る人によってまったく違うものになります。また、一つの言葉でも、聞く人の立場や事情によってとらえ方が変わります。「甲の得は乙の損」というように、一つの事柄が、まったく違う側面を持っているのです。

三つ目は、そのことが本当に必要なことなのか、枝葉末節《しようまっせつ》なことなのか、ということです。それが、自分や自分の大切なものを損なうほどのものか、それとも、我慢できる範囲のものかを判断し、事柄の優先順位をつけるのです。時間と労力を無駄にしないためにも、やらなければならないことの順位を、よく見極めることが大切です。

このように、物事をよく観る習慣をつけると、友だちづくりにも応用できます。

相手の話をよく聞き、表情をよく見ていると、その人の考え方やものの見方が理解できるようになります。自分との共通点や違いがはっきりわかるようになり、ちょうどいいつきあい方ができるようになるのです。

では、人を観るとき、何に気をつけて観ればいいのでしょうか。

それは、まず、その人が何を目的に生きているか、そして、どんなことに満足しているかを観るのです。これらによって、その人が何を大切にしているかがわかります。大切にしているもの、それが、その人が持っている人間性であり、人柄だからです。

それは、自分に対しても言えます。自分はどんな人間になりたいか、何を大切にしたいかをよく考える。自分自身を観る、それが、一番大事なことなのかもしれません。

小利を見ることなかれ

速《すみ》やかなるを欲《ほっ》することなかれ。小利《しょうり》を見《み》ることなかれ（子路篇《しろへん》）

意味 すばやく処理しようと、焦《あせ》ってはいけない。そして、小さな利益に、惑《まど》わされてはいけない。

弟子の子夏《しか》がある町の長官になったときに、孔子が二つのことをアドバイスしました。「速やかならんと欲することなかれ」と「小利を見ることなかれ」です。

焦ってはいけない、そして、小さな利益にとらわれてはいけない、というのです。「小利」とは、小さな利益のことです。

焦って結果を出そうとすると、周りにあるほかの大事なことを省略してしまうので、最終的には目的に達することができません。同じような意味で、「急《せ》いては事を仕損じる」「急がば回れ」などのことわざがあります。

また、小さな利益に目を奪われていると、もっと大きなものを見失うので、思ったように成果を出すことができません。これも、「鹿を追う者は山を見ず」「小利大損」などのことわざになっています。

では、どうすればこれらの「焦り」「惑い」「過ち」を避けることができるのでしょうか。それには、物事を判断するための「思考の三原則」があるといいます。これまでと重複する部分がありますが、とても大事なことなので、改めて説明しましょう。

一つ目は、「物事を長期的に大局的に見る」ということです。

鳥が高い所から見下ろし眺めるように、遠く、広く、物事を見るのです。目先のことにとらわれずに、物事の全体像を把握できれば、感情に流されることなく、その場しのぎの判断をしなくなります。

余談ですが、「親」という漢字は、木の上に立って見ると書きます。親は、木の上から子どもを見て、長い目で子育てをする、と解釈すると、なかなか味わい深いものがあります。

二つ目は、「物事を多面的に複眼的に見る」ということです。

見る角度によって、一つの物体が違う形に見えることがあります。また、同じ現象でも、立場の異なる人が見れば、その姿はまったく別のものとなるでしょう。あるときは英雄であっても、時代や国が変われば、同じことをしても反逆者になるのと一緒です。「勝てば官軍、負ければ賊軍」というように、物事には必ず多面性があるのです。

三つ目は、「物事を本質的に見る」ということです。

本当の目的、原点を見失わないようにするために、何が根本で何が枝葉なのか。どれを優先してどれを省略するのか。物事を考えるときは、いつも本質か末梢《まっしょう》かを分析して、それらを区別する習慣をつけることが大切です。論語が教えていることは、物事の見方の基本なのです。

楽しむものにしかず

これを知《し》る者《もの》は、これを好《この》む者《もの》に如《し》かず。
これを好《この》む者《もの》は、これを楽《たの》しむ者《もの》に如《し》かず

（雍也篇《ようやへん》）

意味 それを理解している、という人は、それが好きだ、という人には、かなわない。でも、好きだというだけでは、それを楽しんでいる人には、かなわない。

論語では、その書き出しの「学而篇」に、物事の道理や物事の善し悪しを「学ぶ」ことが第一、とあります。いかに「学ぶ」ことが大事かということですが、それについては、この本の「学」の章でもいろいろと述べてきました。

ここでは、学ぶだけではなく学ぶことが好きになると、もっと学ぶようになり、理解がより深まるといっています。そして、学ぶことが楽しくなると、学んだ効果や実績がはっきりと表われてくる、というのです。

学ぶことから始まり、好むようになる。そして、それが楽しくなる。すると、いよいよ「学びも本物」と理解してよいでしょう。

「楽しむ」ことがよい成果を生むことは、現代の脳科学でも実証されています。脳は、イヤイヤやっている時は働きが鈍いが、楽しんでやっていると活発に働き、よい結果をもたらす、と言われています。

この脳の一連の働きを「セロトニン効果」というそうですが、セロトニンとは一種の幸せホルモンで、楽しいと脳に湧き出てきて、身も心もリラックスするそうです。そういう状態で取り組めば、何事もいい結果が出るのはうなずけます。

今から二五〇〇年前に、このように楽しむことの効用を説いた孔子は、まさに大心理学者であり、大教育者だと言えるでしょう。

この脳の働きを知って、私たちのふだんの勉強、毎日の生活に応用すると、勉強もはかどり、毎日の暮らしも平穏で楽しいものになるのではないでしょうか。

できるだけ楽しくやる、もしくは楽しくする心がけが、自分の人生を豊かにするコツなのかもしれません。明治維新の立役者のひとり、高杉晋作《たかすぎしんさく》の歌に、こうあります。

おもしろき こともなき世を おもしろく
住みなすものは　心なりけり

日ごろの心の持ち方、心がけが、事の成否、幸、不幸を分けるということでしょう。

均しからざるを憂う

寡《すくな》きを患《うれ》えずして、均《ひと》しからざるを患《うれ》え、
貧《まず》しきを患《うれ》えずして、安《やす》からざるを患《うれ》う
（季氏篇《きしへん》）

意味 少ないことよりも、公平に配分されているかどうかを、心配する。貧しいことよりも、安心して暮らせているかどうかを、心配する。

国を治める人たちが心すべきこと、について語った論語です。「寡《すくな》き」とは、財産が少ないこと、貧乏なことで、「均《ひと》しからざる」とは不平等ということです。この語句の意味は、「国民の貧しさに心を痛めるのではなく、不平等にならないように心を砕くのが、真の為政者である」ということです。

言い換えれば、「貧しさを憂えず、不平等を憂う」ということですが、これは政治家だけが心がけることではなく、私たちひとりひとりの心にも、深く刺さる言葉ではないでしょうか。

日本には、かつて非常に貧しい時代がありました。裕福な人たちはほんの一握りで、国民の八割から九割が貧しかったとき、人々は、その貧しさを不幸と思ったでしょうか。皆が同じような状況に置かれて、一様に貧しければ、さほどの不満は感じなかったのではないでしょうか。それよりも、立場は同じなのに、金銭面や待遇面で不平等になるほうが、人として耐えられないのではないでしょうか。

自分が何かに不満を持つとき、その不満の原因を突き詰めていくと、お金が多い、少ないではなく、その配分が公平でないこと、不平等さにあることに気づかされます。

孔子は、そういう心理を、政治の世界に生かすことを考えていたのです。人々の不満を解消することで、国家の安定、社会の安定を図ろうと考えたのです。

そして私たちも、そういう人の心理をよく理解していると、自分自身が行動する場合にとても役に立ち、物事を解決するときのいい手助けになります。

それでは、この論語の全体をわかりやすく解説してみましょう。

「国の指導者は、国民が貧しいことを憂えず、不平等さを心配する。人口が少ないことを気にするのではなく、人々が安心して暮らせているかどうかを気に掛ける。国民が平等であれば貧しさは気にならず、人々が落ち着いて生活していれば人口の少なさは気にしない。民心が安定していれば国が危うくなることはない」

孔子が言いたいことは、国民生活の安定こそが、平和の基礎である、ということです。このことは、私たちが暮らす社会全体にも、そして、ひとりひとりの家庭生活や学校生活にも当てはまることです。

未だ生を知らず

未《いま》だ生《せい》を知《し》らず。いずくんぞ死《し》を知《し》らん

（先進篇《せんしんへん》）

意味

「生きる」ことの意味もよくわからないのに、「死」についてわかるわけがない。

弟子の子路が、死について尋ねました。すると孔子は、

「生きている今のことさえよくわかっていないのに、どうして死のことがわかるだろうか？」

と答えました。

「自分が今、ここに生きている、ということを、まず、大切にしなさい」と、孔子は言っているのです。生と死は運命です。死の世界を考えるより、今を精一杯生きることが大切だ、と言ったのです。

孔子自身、やらなければならないことがたくさんあるのに、まだまだ成し遂げられていない、と自戒の念を述べたのでしょう。

なんとなく「生きる」のではなく、「力を尽くして生きる」、それが「生」である、と言っているのだと思います。

宗教と哲学の違いを、生前や死後について語るか否か、という観点で見ることがあります。死の世界を語るのが宗教とすれば、論語は死については語らず、生きている今だけを語っているので、論語は宗教ではなく、哲学と位置づけられています。

歴史に残るさまざまの偉人たちが、こぞって論語を愛したのも、「今を精一杯生きる」という点にあるのではないでしょうか。

「今に生きる」ことは、現実から目をそらさない、「現実主義」といえます。遠くを視野に入れながらも、まず、目の前のことに集中せよ、ということなのです。言い換えれば、事の優先順位の大切さを強調しているのだと思います。

私たちが日々生きていくうえで、今やるべきことと、後回しにしてよいことの判断は、必ず、いつの日か結果の善し悪しとなって、自分に返ってきます。

中国の古典に、次のような言葉があります。

「将《おく》らず迎《むか》えず、応《おう》じて蔵《おさ》めず」

「将らず」とは、過去は終わったことだから、とらわれるな。
「迎えず」とは、未来はこれからのことだから、無用に恐れるな。
「応じて蔵めず」とは、物事をあるがままに受け止めて、こだわるな。今の今、やるべきことに全力を尽くせ、というわけです。

これは哲学としての考え方のひとつです。心の中を一定に保つ手段のひとつであって、物事に当たるときの心構えではありません。

実際には、何かをしようと思ったら、過去を分析し、未来を予想し、現実を見つめる、この調和が大事であることは、言うまでもありません。

径によらず

行《ゆ》くに径《こみち》によらず

（雍也篇《ようやへん》）

意味 どこに行くにも、近道や抜け道を通らず、堂々と大通りを行く。

これは、ことわざにもある語句ですが、出典は論語です。何事においても、小細工などせずに、正々堂々と行動することのたとえです。

論語では、次のような話の中に登場します。

弟子の子游《しゆう》が、小さな町の城主に任命されました。

子游は、「優れた人材は見つかったかね」と孔子に問われ、「澹台滅明《たんだいめつめい》という人物を得ました。彼は、道を行く時は近道をせず（反則や横着をしない）、公の用事以外で私の部屋を訪れることはありません（仕事に私的なことを持ち込まない）」と答えました。

澹台滅明は、今でいう公務員の管理職として採用されたのでしょう。ですから、公人《こうじん》としての心得として、たとえ遠回りでも正しいことをする公明正大さと、交友のけじめを持つ、清廉潔白《せいれんけっぱく》さが認められたのです。

「径によらず」という実直さは、なるほどと納得できますが、交友のけじめを持つことは、実に難しいものです。

公の立場にある人が、おつきあいの中で、どういうことが許されて、どういうことが許されないのか。何をけじめとしなければならないのか。今でも常に問題となる事柄です。

この論語では、個人的な利益のために公的な立場を利用しない、公私混同をしない、ということを、けじめとしています。

誰でも、自分のために生きているのですから、利己心はあって当然のことと思いますが、自己顕示欲や金銭欲などの私心が過ぎると、必ず大きな間違いのもととなります。立場を利用して、特別扱いを受けたり、金銭を受け取るような行動は、慎《つつし》まなければなりません。

ですから、「常に公明正大に仕事をし、公《おおやけ》の用事以外には、部屋に訪ねて来ない人物」を、子游は信頼したのでしょう。

ところで、このような人物の人柄を見抜いた子游は、さすが孔子の高弟と思うのですが、実は孔子は、この澹台滅明の並外れた学識と才知を、事前に見抜くことができなかった、というのです。

彼が孔子に弟子入りを願い出たとき、愚鈍で才能に乏しいと評価してしまったそうです。その理由は、澹台滅明の容貌が醜かったからだといいます。しかし、孔子門下生として学問を始めてからは、その人柄がだんだん光ってきたのです。

孔子は後に、「容貌で人を判断して、人物を見誤った」と反省しています。聖人君子と言われる孔子でも、間違いがあるということがよくわかる事例ですが、それをさらりと認める孔子は、さすがだと思います。

申申如たり

申申如《しんしんじょ》たり、夭夭如《ようようじょ》たり

（述而篇《じゅつじへん》）

意味 のびのびとして、朗《ほが》らか。

孔子の、家でくつろいでいる姿を、弟子が表現した論語です。

「申」は「伸びる」という意味で、「夭」は「若い」という意味です。孔子の普段の姿は、のびのびとして明るく、朗らかである、というニュアンスです。

一方、他の章では、孔子の君子像として、次の三点を挙げています。

遠くから眺めると、重々しくて近寄りがたい。

しかし、そばに行くと、穏やかで親しみやすい。

そして、実際に話を聞くと、その厳しさと正しさが伝わってくる。

いかがですか、このように、リーダーは多面的であり、その時々で印象はまったく異なる、ということがよくわかる言葉ではないでしょうか。

この、孔子の印象を表わす三点は、現代でも、リーダーが持っていたい資質とされています。このリーダーの資質を言い換えれば、

「人にやさしく穏やかな面を持ちながらも、自分自身には厳しく、熱く燃える心と、いつも変わらぬ強い信念の持ち主である」

ということではないでしょうか。

「四〇歳を過ぎたら自分の顔に責任を持て」と言ったのは一六代アメリカ大統領リンカーンですが、その人の生き様は、風情となって姿かたちににじみ出てくるものです。

若いときは、品性や知性、感性を磨きなさい、とよく言われますが、その努力の結果が容貌にまで表われるとは、なかなか気づかないものです。

社会に出て荒波にもまれ、家庭や仕事の責任を背負って初めて、頼もしさが顔に刻まれます。親兄弟の愛情に包まれ、他人への思いやりを持つと、そのやさしさが顔に表われます。いつ

も謙虚に学ぶ姿勢を持つと、慎み深さが顔の表情となります。情熱と志を常に秘めていれば、芯のある顔つきになります。

人からどう見えるかを意識することは大切です。

毎日毎日を真剣に生き、そして、きちんと学んでいれば、自然と顔つきは変わっていくのでしょう。

ところで、本篇の他にも孔子を描写する論語があるので紹介しましょう。

孔子は、穏やかだけれども情熱的である。

威厳があるけれども偉ぶらない。

誰に対しても丁寧で安心して接することができる。

弟子たちからいかに尊敬され、敬愛の念を持たれていたかがわかる言葉です。

利を見て義を思う

利《り》を見《み》て義《ぎ》を思《おも》う（憲問篇《けんもんへん》）

意味 一見、得する話が舞い込んできても、それが正しい道かどうかを考える。

この言葉は、弟子の子路が「立派な人物とは、どういう人を指すのでしょうか」と質問したときに、孔子が答えた言葉の一部です。

「立派な人格と教養を備えている人は、利益を目の前にした時に、その利益が道理にかなっているかどうかを、まず考える」

「利」とは利益。「義」とは正義のことです。

私たちの社会では、事業や仕事をする目的は、究極には利益の追求です。利益の追求なくしては、資本主義社会は成り立ちません。私たちは、そこから得たもので生活しています。

毎日の暮らしが成り立つためには、経済が欠かせないのです。事業の利益がなければ、個人の生活もままなりません。

しかし論語は、その利益を追求する考え方として、公正なルールを守り、社会正義に反しないことを、大前提としているのです。

論語を愛読書とした経済人は多数いますが、中でも、日本資本主義の父と称された渋沢栄一《しぶさわえいいち》（新一万円札の肖像となる明治・大正時代の実業家）は、仕事や事業を展開するうえで、その判断基準を、いつも論語に求めていたことで知られています。

渋沢栄一は「利は義の和である」とし、利益と正義は矛盾しない、利益は正義の足し算である、と言っています。道義にかなった利益であれば、社員も誇りを持って仕事に励み、顧客も満足し、当然事業は繁栄する、ということでしょう。

「義の和」という生き方は、「自分もいいが他人もいい」という「自他の利」を目指す道といってもいいでしょう。とかく私たちは、自分が得することばかりに傾きがちですが、「個人と社会」「自分と他人」が共に生き、共に栄えることが「商売道」だということです。

論語は、利と義について、こうも言っています。

君子《くんし》は義《ぎ》にさとり、
小人《しょうじん》は利《り》にさとる

「ほんとうの教養を身につけた人は、人として歩むべき道を第一に考えるが、そうでない人は、目先の損得を先に考える」という意味です。

また、次のような言葉もあります。

不義《ふぎ》にして富《と》み、かつ貴《たっと》きは、
われにおいて浮雲《ふうん》のごとし

「悪いことをして得たお金や地位は、空に漂う浮雲のようなもので、何とはかないものか。私にとっては何の意味もない」という意味です。

「人に見られて恥ずかしくない生き方」が大切なのです。

兄弟怡怡たれ

朋友《ほうゆう》には切切偲偲《せっせっしし》、兄弟《けいてい》には怡怡《いい》たれ

（子路篇《しろへん》）

意味 友だちには誠意を尽くして接し、兄弟には、やさしく穏やかに接する。

この論語には、孔子の家族への考え方が表われています。

孔子が最も大切にしていたことは、人間社会が安らかで平和であることです。そして、その根底は、

修身斉家《しゅうしんさいか》

自らの身を修《おさ》め（自分の人間性を高め）、家を斉《ととの》える（家庭を安定させる）、ということです。

その家庭を安定させるために、孔子は、「兄弟怡怡たれ」と述べているわけです。

家庭はゆったりとして温かく、居心地のいい空間がベストです。家庭内があまりにも厳しすぎたり、笑みのないぎくしゃくする場であることはよくありません。家庭は、家族みんなの安息の場であるのがいい、というわけです。

大人も子どもも、外ではいろいろな問題に出会います。悩み傷つき、疲れていても、家に帰ってくるとほっとする、癒される。そういうところが家庭だということでしょう。

「家庭に三声あり」と言います。歌声、話し声、笑い声がある家は、一家団欒《だんらん》がある家です。一緒にご飯を食べる。一緒にテレビを見る。たとえ一緒ではなくても、お互いの温《ぬく》もりを感じていれば、話し声や笑い声は、いつもすぐそばにあります。

家族を思うとき、ひとりではないという安心感が、どれほどその人の人生を支えているのか、計り知れません。温かな家庭、なごやかな家族、孔子の家庭像は、私たちの理想であり、願望でもあります。

松栢のしぼむに後れるを知る

歳寒《としさむ》くして、しかる後《のち》に、松栢《しょうはく》の彫《しぼ》むに後《おく》るるを知《し》る

（子罕篇《しかんへん》）

意味 寒さが厳しい季節になると、松やヒノキなどが、ほかの木と違って冬枯れしないことに気づく。

「寒さに向かい、他の草木が冬枯れし木の葉が落ちても、松や栢《かしわ》などの常緑樹は、変わらずに青々とした緑を保っている」ということから、「人も苦しみ（寒さ）にぶつかって初めて、真価（緑を保つこと）がわかる」という解釈がなされています。（ここでいう「栢」は、日本のカシワと違い、ヒノキ類などの常緑樹をいいます）

私はこの教えを、もう少し踏み込んで考えてみました。

物事が順調に進んでいるとき、人は浮かれるものです。物事がうまく運んでいると、人は

その状態がいつまでも続くと思い、人生に「まさかの坂」があることを忘れてしまいます。そして、知らず知らずのうちに慢心し、欲は、もっともっとと膨れ上がります。

けれども、月が満ちれば必ず欠けるように、物事はバランスよく交代しながら、流れに沿ってめぐっていきます。人間社会においても、焰《ほのお》の時から灰の時へと、移り変わっていくのが、常なのです。

ですから、順調なときこそ、治《ち》にいて乱《らん》を忘れずのたとえどおり、浮かれず驕《おご》らず、気を引き締めていかなければなりません。

そうすれば、他の草木が冬枯れしていく中、松が凛《りん》として緑を保っているように、私たちも寒風に耐えていけるのです。ふだんの心がけをきちんとしていれば、「まさかの坂」に備えることができるのです。

江戸城無血開城を成し遂げた勝海舟は、物事が成ったとき、心すべきは「油断大敵」の四文字であると言っています。

ひとつひとつ苦労して積み上げ、成功し、ほっと一息ついている時こそ驕らず、それまでの苦労を忘れないで謙虚に成功を喜び、次へのステップへと準備をしなければなりません。

そのためには、絶えず志を高く持ち、考え、分析し、修正していくことを忘れてはならないのです。
この論語の言葉は、私たちの日常生活の、驕りへの警告とも言えるでしょう。

後生畏るべし

後生《こうせい》畏《おそ》るべし。四十《しじゅう》、五十《ごじゅう》にして聞《き》こゆることなきは、畏《おそ》るるに足《た》らざるなり

（子罕篇《しかんへん》）

意味 後輩《こうはい》たちを、軽くみてはいけない、彼らには、大きな可能性があるのだから。だが、四〇歳、五〇歳になって、まだ頭角《とうかく》を現わさなければ、おそれることはない。

「後生」とは「後から生まれてきた人」、つまり「後輩」のことです。後輩を、いつまでも子

どもだ、若輩者《じゃくはいもの》だと見くびっていると、彼らもいつの間にか学び育ち、私たち先輩は追い越されていく、ということです。

この論語の意味するものは、後輩を軽んじてはいけないという教えとともに、先輩である私たちも、追い越されないように、いくつになっても学んでいなければいけないということです。年配者になっても、「日に新た、日に日に新たなり」の気持ちを持って毎日を生きなければいけない、という教えでもあるのです。

しかし、見くびれない後輩と言っても、四〇歳や五〇歳になっても名声が聞こえてこなければ、恐れることはない、とも言っています。人としての力量が、四〇歳までに出来上がっていなければ、大きなことは成し遂げられない、ということでしょう。

論語からは少し離れますが、古代インドに、人生を四つの時期に区切る教えがあります。

そこでは、二〇代後半までの時期を「学生期《がくしょうき》」といいます。生き方や、生きる目的、知恵、マナーを学ぶ、いわゆる人生の基礎づくりに励む時です。

そして、四〇代後半までを「家住期《かじゅうき》」といいます。家庭をつくり、子育て、仕事に専念し、社会人として自分自身を確立する時です。

その後は、現役を退《ひ》いてなお学び続け、後進を見守る「林住期《りんじゅうき》」、幸せを実感しながら充実した日々をゆっくり過ごす「遊行期《ゆぎょうき》」と続きます。

論語は、四つの時期のひとつ、「学生期」をきちんと積み上げた人は、必ずや「家住期」には、地域において、職場において、友人間においても、「あいつならできる！」という信頼を得るだろう、と言っているのです。

この「後生畏るべし」という言葉は、年を重ねても努力し続けることの大切さと、若者への期待とエールが込められた教えです。

若者は四〇歳に向けて人生の基礎づくりをし、自分の立ち位置を常に確認して、その時々に応じて今の今に全力を尽くす。そのことが、老計（第二の人生）を迎えたとき、老いて朽ちずといった理想の生き方になる、と論語は言っています。

教育者としての孔子の、深い意味のある言葉です。

鄙事に多能

われ、若《わか》くして賤《いや》し。ゆえに鄙事《ひじ》に多能《たのう》なり。
君子《くんし》は多《た》ならんや。多《た》ならざるなり

（子罕篇《しかんへん》）

意味 私は若いころ身分も低く貧しかったから、世に用いられるために、いろいろなことができるようになっただけだ。でも君子は、多芸、多才であることが必要だろうか。いや、そうではないだろう。

ある国の大臣が孔子に感服して言いました。「先生は偉大であるだけではなく、芸事にも秀《ひい》でているし、なんでもおできになるんですねぇ」と。
それを聞いた孔子は、こう答えました。

「私は若い時には身分も低く貧しかったので、色々な鄙事（小さなつまらないことや芸事）が得意になった。しかし、偉大な人に何でもこなす才能や知識が必要だろうか？　いや、そんな必要はない」

孔子は、鄙事に多能である自分を、あえて卑下《ひげ》した言い方をしています。ですが、何でもできる、知っている、というのは、孔子が、それだけ多くの苦労を重ねてきた証拠なのかもしれません。

「鄙事に多能」とは、現代に当てはめれば、最新のテクノロジーにも精通し、趣味は多彩でしかも上手にこなす、とでも訳せましょうか。通俗的にいえば、パソコンのみならず、タブレットやスマートフォンを使いこなし、ゴルフはシングル、何でも器用にやってのける、いわゆるデキる人、ということです。

学問に重きを置いていた孔子の言葉を言い換えれば、趣味や自分を格好よく見せることはもちろんのこと、高度な技術や技能さえも鄙事であり、人生の本質ではない、というのです。

孔子にとっての「本質」とは、もっと人間の根源に根ざすもの、たとえば「徳」を高めることであり、人間力を磨くということでしょう。

「徳は才に勝る」といいます。人間の基礎づくりは「徳」にあり、生きていくための技術や知識、知恵はその次にあるという考えです。

まず人格を練って、その後に行動があるといわれるように、人格は、人間にとって、基礎となるものです。基礎のない人は、基礎工事がしっかりしていないビルと同じで、外観はきれいに見えても、いつか悲劇的な結末になってしまいます。

この教えを、現代の私たちの生活に当てはめて考えてみましょう。

まず、自分の目標になるものを早く見つけて、それを大事に、一筋に育てていくのです。進もうとする道、自分の根幹をまずつくるのです。そのためには、コツコツと基礎から励む努力をするのです。ひとつのことにひたむきに向き合っていれば、習得する過程において、人への感謝や学ぶ謙虚さ、まじめさや粘りが身についていきます。できないことができるようになるまでの過程によって、修練から人格がつくられていくのです。

孔子の「なんでもこなせる、というのは決して自慢できることではない」という謙遜《けんそん》には、深い意味があるのです。

それ恕か

それ恕《じょ》か。己《おのれ》の欲《ほっ》せざるところは、人《ひと》に施《ほどこ》すことなかれ
（衛霊公篇《えいれいこうへん》）

意味 それは「恕《じょ》」だ。いつでも相手の気持ちになって思いやる、というやさしさだ。自分がされたくないことは、相手にも、しない。

孔子が弟子に、「生涯にわたって心すべきことを、ひと言でいうと何でしょうか？」と問われた時に答えたものです。

「恕」という文字を分解すると、「心の如し」となります。ここでいう「心」とは、「相手の心」という意味で、人の立場に立って物事を考え行動する、ということです。

「恕」は、「仁」と同義語のように扱われますが、「仁」よりも深い意味を持っていて、「ゆるす」という意味を含んでいます。「恕」とは、広い心で相手をゆるすことです。「恕」は、私

たちの日常生活に最も大切な心がけなのです。

しかし、ただ恕《ゆる》せばよいのでしょうか。やみくもに恕すことは、世の中の秩序を乱し、穏やかな個人生活を脅かすことにもなります。「恕」を実践するためには、ゆるしていいかどうかを判断する、しっかりとした基準が必要なのです。その基準を、「仁・義・礼・知・信」の五つの徳に求めてみました。この五つの徳は、常に持っていたい心として、「五常《ごじょう》の心」といいますが、この五つの基準に照らし合わせて、判断するのです。

それは、「思いやりから発しているか」「正義に則《のっと》っているか」「秩序を乱していないか」「正しい知識に基づいているか」「信頼関係が成り立っているか」の五つです。これらをよく考えたうえで、「恕す」ことが大事です。

また、「五常の心」をきちんと踏まえて「恕した」場合は、どんな結果になろうとも、すべて受け入れる覚悟が必要です。自らの信念を貫いたうえでの結果は、そのときは失敗であっても、人生においてはプラスになるからです。全力を尽くして結果を待つ。そして、その結果に関係なく、その信念を次なる発展の力とするのです。

この「恕の心」と「五常の心」は一対です。この二つの心は、人との交わりにおいて、決して忘れてはならない心と言えるでしょう。

ところで、この教えとまったく同じものが、他の論語に登場しますので、次項でそれを紹介しましょう。

己の欲せざる所　人に施すことなかれ

己《おのれ》の欲《ほっ》せざるところ、人《ひと》に施《ほどこ》すことなかれ

（顔淵篇《がんえんへん》）

意味　自分がイヤだと思うことは、他人にもしない。

これは、弟子の仲弓《ちゅうきゅう》が「仁とは何ですか」と、孔子に質問した時の答えです。

ここでも前項と同じく、「自分がされたくないことは、相手にもしない」と答えています。

「仁」とは、簡単に言えば、やさしさや思いやりのことですが、このことでも、「恕」と「仁」がとても近いことがわかります。前項で「恕」を分解して、「心の如し」と説明しましたが、「仁」

を分解すると、「にんべんに二」となり、二人の関係と解釈します。相手と自分の関係がスムーズにいくように、相手の立場を考える、ということです。

「仁」については、論語では、そのときどきで、さまざまな解説が登場します。

孔子は、いろいろな弟子たちから「仁」について質問されていますが、弟子たちの性格や学問の習熟度によって、その都度違った答え方をしています。

たとえば、おしゃべりで軽々しいといわれていた司馬牛《しばぎゅう》には、「言葉を慎《つつし》むことだ」と答え、少し飲み込みの遅い樊遅《はんち》には、わかりやすく「人を愛することだ」と教えています。

孔子は、人の性格や素質、理解力など、状況に応じて適切な指導をしているわけで、それこそ、相手への思いやりの極地であり、孔子ならではの「仁」のあり方です。

また、個々の特性を生かすことは、「仁」を実践するだけではなく、リーダーとして持っていなくてはならない資質のひとつでもあります。

徳川家康が天下を取れたのは、家康が持っている能力と運と年月のめぐり合わせがよかったのは事実ですが、それだけではなく、優れた家臣団がいたからです。武勇に優れた家臣や知恵に優れた家臣、それぞれの特性を生かしたおかげで、家康は戦上手になり、政治的にも優れた、比類ない天下人《てんかびと》となったのです。

豊臣秀吉が晩年、諸大名の前で宝物を自慢したことがあります。そして、家康にどんな珍しい品物を持っているのかと尋ねました。

家康は、

「私は田舎者ゆえ、これといった秘蔵の品はありません。ただ私のためならいつでも命を賭けてくれる家臣が五〇〇騎ほどいます。これが私の宝です」

と答えました。

幼少の頃より学問を学び、論語にも精通していた家康は、孔子と同様、国家の平和や人々の暮らしの安定を願って、江戸幕府の基礎を築きました。家康は、世の中の平安という大義と、質素倹約という武家の本分に重きを置き、それが子々孫々まで伝わるような仕組みをつくりました。その結果、二六〇年もの間、平和な時代が続いたのです。

余談ですが、世の歴史家は、信長を天才、秀吉を人間通《にんげんつう》と呼びます。では家康はというと、非凡なる平凡人と称します。それは、家康が、謙虚に学んだことを実践した結果、あれだけの功績を残したからです。学んで実践する非凡さが、家康のすごさなのです。

安んずる所を察す

為《な》す所《ところ》を視《み》、由《よ》る所《ところ》を観《み》、安《やす》んずる所《ところ》を察《さっ》す

（為政篇《いせいへん》）

意味 その人のすることをじっと見て、なぜ、そうしたかを考え、最終的に、どうしたいのかを想像すれば、ほとんど、その人の考え方がわかる。

孔子が言うには、その人の行動を見て（為《な》す所を視る）、そこに至る原因や動機を観察する（由る所を観る）。そして、その人が何に満足するかを推察すれば（安んずる所を察す）、自然と、その人がどんな人かわかってくる、というのです。

「言うは易《やす》く行うは難《かた》し」というように、人物を見極めるためには、何を言ったかではなく、何をやったかということが重要です。行動は、その人の人柄、才能、考え方が形となって現われるからです。「言葉だけでは信用するな。行動した結果を見よ」というわけです。

しかし、外面に現われた行為だけでは不十分です。その行為の動機が正しくなければ、決して尊敬できる人物とは言えません。ですから、外面を見て、内面をも観察しなければならないのです。

そして、孔子はさらに突き詰めて、その人の「安んずる所」まで追求しています。その行為の落ち着くところはどこなのか。どういう結果を望んでいるのか。その到達点が、その人の持っている価値観の表われであり、目標でもあるからです。

このように、孔子は「視《し》・観《かん》・察《さつ》」の三段階で人物観察を行っているのです。

ところで、中国古代には、他にも、これと似た人物観定法があるので紹介しましょう。

一、「居《お》れば、その親しむ所を視《み》る」不遇の時に、どんな人と親しくしていたか。（つきあっている人たちを見れば察しがつく）

二、「富《と》みて、その与《あた》える所を視る」裕福になった時に、どんな人や物を好んだか。（何を求めているかがわかる）

三、「達《たっ》しては、その挙《あ》ぐる所を視る」出世した時に、どんな人物を登用したか。（人を見る目がわかる）

四、「窮《きゅう》すれば、その為《な》さざる所を視る」窮地に陥った時に、不正を働かなかったか。（節《せっ》操《そう》の有る無しがわかる）

五、「貧しては、その取らざる所を視る」貧乏した時に、他人のものを盗らなかったか。（その人物の「志」がわかる）

薄氷を踏むがごとし

戦戦《せんせん》兢兢《きょうきょう》として、深淵《しんえん》にのぞむがごとく、薄氷《はくひょう》を履《ふ》むがごとし（泰伯篇《たいはくへん》）

意味 おそるおそる慎重に、底の見えない深い淵に臨むように、今にも割れそうな薄氷の上を踏むように。

戦戦《せんせん》兢兢《きょうきょう》とは、戦々恐々と似ていますが、意味が少し異なります。戦戦兢兢と書く場合は、

「恐れてびくびくする」のではなく、神に祈るような、「おそれ慎《つつし》む」ことを指します。私たちが普段使う場合は、このように使っています。

「物事に当たるときは戦戦兢兢として、実行するときは大胆不敵に、終わった後は油断大敵とせよ」

戦戦兢兢を、物事に当たるときの心構えに引用しているのです。計画段階では、細心な調査、綿密なシミュレーション、準備をし、おそれ慎んで取り組む。実行に当たっては、成功をイメージし、大胆に思いっきりよく果敢に攻める。終わった後は、緊張感を保ち、油断せず淡々としている。

「戦戦兢兢、深淵《しんえん》に臨《のぞ》む、薄氷《はくひょう》を履《ふ》む」という言葉から想像すれば、このように、勇ましく行動を移す前の用意周到な心構え、と考えることでしょう。

ところが論語では、まったく異なる状況下での言葉なのです。この言葉が収められている論語の全文を紹介しましょう。孔子の高弟、曾子《そうし》が病の床につき、いよいよ死期が近いことを悟り、弟子たちを集めて自分の思いを述べます。

「夜具をのけて私の足を見よ、手を見よ。どこにも傷はないだろう。親が産んでくれたこの身体を、むやみに傷つけることのないように、慎重に、深淵に臨むかのように、薄氷を踏むかのように、これまで注意して生きてきた。今からは、そうした心配から解放される」

曾子は、孔子門下生の中でも、とくに孝行に優れた弟子として有名です。孔子の教えの「徳」のはじめは、「親孝行」と言われています。親を大事に思う心から、「仁」や「礼」などの徳が身につくと教えていたのです。

論語ではありませんが、孔子の「孝」の教えを表わした本に、次のような文章があります。

「身体髪膚《しんたいはっぷ》これを父母に受《う》く。あえて毀傷《きしょう》せざるは、孝《こう》の始めなり。身を立て道を行い、名を後世に挙げ、以《もっ》て父母を顕《あら》わすは、孝の終わりなり」

「毛髪や皮膚に至るまで、身体はすべて父母からもらったものである。これを大切に扱い、こわしたり傷つけたりしてはならない。それが孝行の始めである。世に出て正しい道を実践し、後世に名を残すことは、父母の名も世に示すことになり、それが孝行の完成である」

この語句の一部は、卒業式の歌『仰げば尊し』の歌詞の一節「身を立て名を上げ やよ励めよ」の原典になっています。

曾子は、自らの肉体を直接、弟子たちに見せることで、孔子の教えの「孝」を示したのです。

第四 共 の章

どうすれば人とうまくつきあえるか

共とは、「共に生きる」ことです。人は社会的動物です。社会の中で生きていく動物です。ですから、社会との関わり、人との関わりなくしては生きていけません。

そこで、ここでは「人と共に生きる」ことをテーマに考えていきます。どうしたら社会の中で幸せに暮らしていけるか。穏やかに家族と生活できるか。和やかに友人とつきあっていけるか。これらは、いつの世も私たちを悩ませている問題です。

私は、周りの人たちとトラブルなく円滑におつきあいするためのヒントが、近江《おうみ》商人の商売の鉄則にあるのでは、と考えました。

近江商人とは、今の滋賀県出身の商人のことです。鎌倉時代から日本各地で活躍し、その歴史は現代にまで至っています。

その鉄則、哲学は「売り手よし、買い手よし、世間よし」の「三方《さんぽう》よし」と呼ばれています。売り手も儲かるし、買い手もいい品物が買えて満足、流通が活況になり社会も豊かになる。この構図が、「共に生きる」お手本だと思うのです。

自分だけがよくても、相手だけがよくても、お互いに不満が残ります。そこで、自分もいい、相手もいいという妥協点を見つけるのです。

普通の人は、まず自分のことを考えます。それでいいのです。それが当然のことだからです。次に、相手のことを考えます。相手がして欲しいことを考えるのは少し高度なので、自分ならされたくないことを、相手にしないようにするのです。これだけで、かなり良好な人間関係が築けるようになります。

また、人との関係や社会との関わり方に、ヤマアラシの法則があります。これは寓話《ぐうわ》であって、ヤマアラシの習性ではありませんが、非常に人間の心理をついた話です。

寒い日、二匹のヤマアラシは、寄り添って暖め合おうとしました。しかし、ヤマアラシには鋭いとげがあって、近づきすぎるとお互いのとげで傷ついてしまいます。そこで、とげが当たらないような、ほどよい距離で過ごしました。

これは、人と人との距離感を教えています。くっつきすぎず離れすぎない。また、とげは、人で言えば短所と解釈して、相手のイヤだなと思う所も、ある程度受け入れておつきあいをするのが妥当、と教えています。

人は人によって傷つけられ、人によって癒されます。しかし、自分の心の持ちようで、人間関係の悩みは軽くなるのです。

朋あり。遠方より来たる。また、楽しからずや

朋《とも》あり。遠方《えんぽう》より来《き》たる。また、楽《たの》しからずや
（学而篇《がくじへん》）

意味　昔一緒に勉強した仲間が、自分のことを思い出して、遠くから訪ねてきてくれる。それは、なんと楽しいことだろうか。

全二〇篇に及ぶ論語の冒頭にある「学びて時にこれを習う」に続く部分です。ですから、ここでの「朋」とは友のこと、「一緒に学んだ仲間」と考えるのが自然でしょう。

ですが、私は「心のわかりあった友人が久しぶりに訪ねてきて、思うままに話をする。それはなんと楽しいことだろう」というようにも解釈しています。

孔子は、友だちについていろいろ述べていますが、なんと言っても、孔子にとっての「友」の大事な要素は「益者三友《えきしゃさんゆう》」という言葉にあると思います。

自分のためになる友人には三種類ある。それは「直《ちょく》の人」、「諒《りょう》の人」、「多聞《たもん》の人」である、というのです。

「直」とは正直でウラ・オモテのない人。「諒」とは言ったことは守る誠実な人。「多聞」とは博識というだけではなく、物事の道理を理解する見識のある人、ということです。

もちろん、友だちはわが鏡、自分自身もそのような人になる心がけがなくては、「益者三友」を友に持つことはできません。孔子は、よい友の友人像を表現する中で、私たち自身にも、「直・諒・多聞の人」になるよう、教えているのです。

大人になり、故郷を遠く離れて仕事をするようになった時、久しぶりに故郷に帰って「幼なじみ」と会話するのは楽しいものです。時には、初心に帰って勇気を貰うことさえあります。それは、損得を超えての、「素《そ》の交わり＝素交《そこう》」だからなのでしょう。

「貧賤《ひんせん》の友忘るべからず——貧しかった頃や地位が低かった時の、出世する前の友人を忘れるな」と言いますが、「素交」の大切さを述べた言葉です。古き良き仲間は得がたく、いつまでも大事にしたいものです。

三省

われ、日《ひ》にわが身《み》を三省《さんせい》す。人《ひと》のために謀《はか》りて忠《ちゅう》ならざるか。朋友《ほうゆう》と交《まじ》わりて信《しん》ならざるか。習《なら》わざるを伝《つた》えしか
（学而篇《がくじへん》）

意味 わたしは毎日、三つの反省をする。一つ目は、その人のために責任をもってアドバイスしたか？ 二つ目は、友だちづきあいにおいて、口先だけではなかったか？ 三つ目に、よくわかっていないことを、知ったかぶりして教えなかったか？

これは、孔子の弟子の、曾子《そうし》が語ったことです。東京の千代田区神保町にある「三省堂書店」の名前の由来となりました。

また、文中にある「忠」とは、真心を尽くすこと。「信」とは、自分の言葉に責任を持つこ

と。「習」とは、知ったことを実践して自分のものにすることです。

「三省」は、私たちが周りの人たちにどういう気持ちで接したらいいかを教えています。私たちは、ひとりで勝手に生きているのではありません。いろいろな人たちとのおつきあいの中で暮らしています。そのことをよく考えると、この三つの反省の大切さがわかってきます。

そして、「三省」は、日に何度も心に問い続けなさいとも教えています。そうしないと、私たちは何事においてもマンネリ化して、ついには真心を持って人に接することさえも忘れてしまうからです。

私は、この「三省」をもっと覚えやすくするため、次のように訳してみました。

「後輩には慕われるように、同僚には信頼されるように、先輩には安心してもらえるように、一日を過ごしたか」

ところで、私は、「三省」を読むたびに、広島の江田島にあった海軍兵学校（現在は海上自衛隊幹部候補生学校）の「五省《ごせい》」に思いが至ります。

当時、その兵学校の生徒たちは、夜の自習が終わる五分前に、ラッパの合図で姿勢を正し、当番の生徒が読み上げるのを聞きながら、目をつぶり一日を反省、自戒したそうです。その「五省」を紹介しましょう。

一、至誠《しせい》に悖《もと》るなかりしか。（真心に反することはしなかったか）
一、言行《げんこう》に恥づるなかりしか。（言動において、実践をないがしろにしなかったか）
一、気力に欠くるなかりしか。（気力を欠いてはいなかったか）
一、努力に憾《うら》みなかりしか。（努力を惜しんではいなかったか）
一、不精《ぶしょう》に亘《わた》るなかりしか。（最後まで手抜きをしなかったか）

この「五省」は、現在、アメリカのメリーランド州アナポリスにあるアメリカ海軍兵学校にも「扁額《へんがく》」として掲げられているそうです。江田島を見学したアメリカ海軍の幹部が、この「五省」の精神に感銘を受け、英訳を募集し、アメリカ海軍兵学校に掲示したのです。もちろん、現代の海上自衛隊の学校でも、「五省」の唱和は欠かさないそうです。

仁者は寿し

知者《ちしゃ》は水《みず》を楽《たの》しみ、仁者《じんしゃ》は山《やま》を楽《たの》しむ。知者《ちしゃ》は動《うご》き、仁者《じんしゃ》は静《しず》かなり。知者《ちしゃ》は楽《たの》しみ、仁者《じんしゃ》は寿《いのちなが》し

（雍也篇《ようやへん》）

意味 知恵や知識を大事にする人は、移り変わる水の流れを楽しみ、仁徳を大切に思う人は、堂々とした山の落ち着きを楽しむ。知者は行動的で、仁者は静か。知者は変化に富んだ人生を楽しみ、仁者は人生をゆったりと長生きする。

「知者」とは、物事の道理に通じた人、「仁者」とは、仁徳を備えた人のことをいいます。知者は「水」のように世の中の変化に対応し、仁者は「山」のように動かず騒がずゆったりとしている。自分の才能を活かしながら人生を楽しむ知者と、世の中の調和を図りながら人生

を全《まっと》うする仁者。

ここでは、「知者」と「仁者」を比較するのではなく、それぞれの特長をとらえて、対比しています。人それぞれの特長にあった生き方をすることが、人生を楽しむコツと言えるのでしょう。

ところで、私は、「仁者は寿《いのちなが》し」という言葉が、とても心に響きます。なぜ「仁者」は長寿だと言うのでしょうか。

ここで言う「仁」とは、相手の立場に立って考え、行動することですが、思うに、「仁」の気持ちとは、西洋的なヒューマニティという言葉ほど社会的な大きなものではなく、ごく日常の、ちょっとした思いやりや、生活の中の潤滑油のような気遣いを言うのだと思います。

日々の生活の暮らしの中で、いつも「仁」の気持ちを持って行動していると、周りの人たちとの関係がよくなり、交友関係のストレスが少なくなってきます。そうすると、自然と心に余裕ができ、いろいろなイヤな感情から解放され、その結果、寿命が延びるのではないでしょうか。

では、個人レベルではなく、社会という大きな枠組みではどうでしょうか。

論語を愛し、日本資本主義の父といわれる渋沢栄一は、利益を手にするとき、その利益は「義」

にかなったものかどうかを考えよ、と教えています。資本主義経済の基本原理は利益の追求、すなわち、儲けることにあります。買い手に不利益を与えない正当な経済行為は、社会を繁栄させる大きな原動力となります。

「義」にかなった利益は、社会のためにという「仁の心」にも通じるのです。

「仁」に基づく生き方は、個人の幸せのみならず、企業の経営の安定をも意味し、ひいては、健全な社会の成り立ちをうながします。

「寿し」は、個人生活だけではなく、企業や国家の幸せと、その幸せを永続きさせる、という意味を併せ持っているのです。

怒りを遷さず

怒《いか》りを遷《うつ》さず

（雍《よう》也《や》篇《へん》）

意味　怒《いか》りを他人にぶつけない。

「怒りを遷さず」は、怒りにまかせて八つ当たりしないということです。怒りの感情をそのまま他人にぶつけると、それを受けた人も不愉快になり、次々と負の感情が連鎖します。

会社で部長に怒鳴られた課長が、自分の部下に当たる。その部下は家に帰ってイライラを奥さんにぶつけ、それが面白くない奥さんは、ちょっとしたことで子どもを叱る。とばっちりを受けた子どもは、そばにいるネコを蹴とばす——。どこの家庭でも、よくある光景ではありませんか？

人間の感情の中でも、とくに怒りの感情は伝播《でんぱ》しやすく、人間関係を悪くしていきます。

そして、怒りをそのままにしておくと、必要以上に自分も傷つき、関係ない人も傷つけてしまいます。そこで孔子は、怒りを他に移さないことを「徳」としたのです。

これは、感情のコントロールができるかどうかが、人として大成できるかどうかということでしょう。

私たちが感じる喜怒哀楽は、往々にして、周りにいる人たちに影響を及ぼします。家庭内でも学校でも、せまい人間関係の中ではそれがはっきりと表われ、毎日の生活に大きく作用します。ですから世の先人たちは、怒りや悲しみといった負の感情を、どう処理するかに心をくだいたのです。

怒りを覚えたら一〇までゆっくり数えなさい、とよく言われますが、これも理にかなった方法です。不思議と心が静まります。一〇回ゆっくり数えると、一〇回ゆっくり息を吐くことになります。今、呼吸の効用について、数々の本が出ていますが、これらは日本の文化である「禅」に通じています。深く息を吐くことで、心も身体もリラックスすることがわかってきたのです。

また、不快な感情が湧いたら、自分の気持ちを転換させることが必要です。むしゃくしゃした時に、いったんイヤな感情を脇に押しやって、楽しいことを思い浮かべてみてください。

何度もそういうことをしているうちに、気持ちが切り替わるはずです。何を思うかによって、私たちの心は明るくも暗くもなります。楽しいことやうれしいこと考えると、心も顔も明るくなり、周りにいる人たちも笑顔になります。反対に、怒りや悲しいことを考えると、心も顔も暗くなります。そして、周りにいる人たちは、楽しくないから離れていくでしょう。

和をもって貴しとなす

和《わ》をもって貴《たっと》しとなす

（学而篇《がくじへん》）

意味 社会の秩序を保つためには「和」が大事。

「和をもって貴しとなす」と聞くと、まず思い浮かべるのが聖徳太子の「一七条の憲法」でしょう。一七条の中でも、第一番目にある条目です。人は和を大事にして争わないようにせよ、とあります。この有名な語句の原典が、この論語にあることはお察しのとおりですが、これは孔子の言葉ではなく、弟子の有子《ゆうし》の言葉です。

そして論語では、「和」の大切さを述べながらも、「和」だけでは物事は治まらないことを教えています。

論語の時代背景が今と大きく異なっているので、この論語の全文をそのまま訳すと、私たちにはどうもなじみません。そこで、現代にも通じる解釈をしてみました。

「社会の秩序を保つためには『和』が大事だが、何でもかんでも和やかに、仲良く、一緒に行動することが一番と思っていると、物事はいい方向には進まない。

『和』をはかるときは、大きな目で見て調和していることが大切なのだ。そのような『大調和』のためには、社会的なルールや決まりごとによって、節度が守られなければならない」

これは、人間社会に「和」が重要であることは当たり前のこととして、その「和」にとらわれて、本質を見失うことを警告しているのです。

「赤信号みんなで渡れば怖くない」というブラックユーモアがありました。皆と一緒という「和」があれば、モラルに反することにも同調してしまうおかしさを表わしています。このように、「和」を、みんなで仲良くとか、協調して、とだけ考えていると、間違った方向に行ってしまうのです。

「和」は、「仲良くする」とか「協調する」ということだけではありません。たとえ意見が対立している者同士であっても、話し合いをして互いにわかり合う、認め合うという、高度な調和のことを言います。

もう少し噛み砕いて説明してみましょう。

「私はこう思います」とAが言い、これを「正」とする。

「いいえ、私の考えは違います」とBが言い、これを「反」とする。

お互いに妥協するのではなく、AとBが意見を戦わせることによって、A「正」と、B「反」の意見をよりよいものにする、これを「合」といいます。

「正」「反」「合」によって、意見や判断のレベルを高めることが「和」のほんとうの姿なのです。

言い換えれば、「和」とは、みんな一緒、同じ歩調でということではなく、自分と異なる他の存在を認め、なおかつ親しみをもって、なごやかに、穏やかに、助け合うことであり、他人を思いやることなのです。

信無くば立たず

信《しん》無《な》くば立《た》たず

（顔淵篇《がんえんへん》）

意味 信頼されていなければ、何も成り立たない。

弟子の子貢《しこう》が孔子に「政治家の心構えとは何ですか」と、質問しました。

孔子は、「国民のために食料を充分に確保し、軍備を整え、人々の信頼を得ることだ」と、答えました。

子貢がさらに質問しました。

「では先生、やむをえずその三つのうち一つあきらめなければならないとしたら、何を捨てますか」

孔子は即座に答えました。

「軍備をやめる」

子貢は、さらに食い下がって聞きました。

「もしどうしてもやむをえなくて、残る二つのうち一つとなれば、何を捨てますか」

孔子の答えは明快でした。

「食料をあきらめるしかないだろう。食料を失うのはつらいことだが、誰でも、いつかは死ななければならないからね。だが、政治家が国民の信頼を失ってしまっては、国が国として成り立たなくなってしまう」

論語哲学の本質「仁」と並んで、孔子は「信」を重んじています。

国から普通の人々の毎日の暮らしに至るまで、そして家庭生活、友人関係においても「信義」なくして、友好な人間関係は結べません。人間社会において、「信義」は、欠くことのできないマナーなのです。

「信」とは、簡単に言えば「言ったことは守る」ことです。また、「信」という漢字を分解して、「人が言うから信」とも言えます。信用があるか否かは、自分の判断ではなく、他人が評価するものなのでしょう。

「信なくば立たず」それは、人と人との関わり方の基本です。

馬を問わず

厩《うまや》焚《や》けたり。馬《うま》を問《と》わず

（郷党篇《きょうとうへん》）

意味 先生の屋敷の馬小屋が火事になり、焼け落ちてしまったときのこと。仕事場から大急ぎで戻ってきた先生が、最初に尋ねたのは、ケガ人はいなかったか、ということばかり。損害の大きさについては、まったく尋ねなかった。

二五〇〇年前、馬は一家の貴重な宝でした。今で言えば超高級車。当時はそれ以上に、戦では重要な戦力となり、また、生き物として家族同様の存在でもありました。その厩舎が火事の被害にあったのです。孔子は朝廷から急いで戻ってきました。

その時、私たちはともするると、高価で大切にしている馬の安否を問いがちです。が、孔子は、まず自分の弟子や使用人の身の安全を心配して「誰もケガはなかったか？」と聞いたのです。

そして、馬のことは聞かなかった、というのです。孔子は、財産以上の存在である馬よりも、人間の安否を心配したのです。

このエピソードには、人間愛を基調とする、孔子の哲学が表われています。人を思いやる人間性、「仁」や「恕」を、自ら実践している孔子の姿が描かれているのです。

かつて、俗に言う「親分子分」という任侠《にんきょう》の世界がありました。その中でも一番有名なのは、清水の次郎長でしょう。江戸時代末期の人ですが、実在の人です。物語に出てくる「森の石松」なる人物はフィクションですが……。

明治時代になって、彼に会った人がこう尋ねたそうです。

「おまえさんには、親分のために命を捨てるという子分が大勢いるそうだね」

それに対して次郎長は、

「いやあ、子分にゃそんな度胸のあるモンは一人もおりません。それでも、私は子分のためにいつでも命を投げ出します」

物語や映画になった次郎長一家の結束の固さは、子分が親分を慕うエネルギー以上に、親分が子分を守る、覚悟の大きさにあったのでしょう。

「馬を問わず」「子分のために命を投げ出す」という気持ちは、いかに周りにいる人たちを大切にしているかが伺えるエピソードです。

善からざる者が悪む

善《よ》き者《もの》、これを好《この》み、その善《よ》からざる者《もの》、これを悪《にく》むに如《し》かず
（子路篇《しろへん》）

意味 まともな人には好かれ、悪人からは嫌われる。それが、本当のいい人なのだ。

弟子の子貢《しこう》が孔子に尋ねました。「村中の誰からもほめられ好かれているという人物は、人格者と言えるでしょうか」孔子は、「それだけでは十分とは言えない」

「では、村中の嫌われ者（高潔な者は敬遠される）はいかがでしょうか」

孔子は、「それも十分とは言えない。最もよいのは、地元の善人からほめられ、悪人からは憎まれるような人物だ」

私たちは、万人に好かれたいと思うし、誰からも嫌われたくありません。ほめられればうれしいし、悪口を言われれば傷つくからです。

しかし、そこでよく考えなければいけないことは、誰がほめているのか、誰が悪く言っているのか、ということです。

物事の道理をよく知っている人からほめられることは、本当に喜ばしいことですが、そうではない人からほめられても、自分の真価がわかってほめられたわけではないので、うれしくはないでしょう。

また、反社会的な人には疎《うと》まれる存在にならなければ、逆に自分の資質が問われてしまいます。要するに、どういう人に好かれて、どういう人に憎まれるのかが大切なのです。

また、いい評価でも悪い評価でも、受け取る側の考え方によって、そのあり様は大きく変わってきます。

たとえば、勲章をもらうということについてもいろいろな考え方があります。国からの叙勲は、大変名誉なことであり、誰しも喜んで受章すると思いますよね。ところが、何人かの人は叙勲を辞退しているのです。

電力の鬼と呼ばれた松永安左エ門は、「人間の値打ちを人間が決めるとは何ごとか」と辞退したところ、「あなたが受けないと、勲章をもらいたくてたまらない人たちに迷惑がかかります」と説得されてしぶしぶ受章しています。また、「男が民間で一生を掛けてやった仕事に、役所が一等だ二等だとランク付けするのはおかしい」と言って辞退した人もいます。

幕末の偉人、勝海舟は、

「毀誉《きよ》は人の語るところ。われ関せず。行蔵《こうぞう》はわれにあり（ほめたりけなしたりは人が言うことで、私は関心がない。行くも退くも自分で決める）」

と言い、また、

「人の評価は株と同じ。上がった株も下がる時があるし、下がった株もいつかは上がる。その上がり下がりの時間も長くて一〇年はかからない」

と、達観しています。

三人行えば、必ずわが師あり

三人《さんにん》行《おこな》えば、必《かなら》ずわが師《し》あり。その善《ぜん》なる者《もの》を択《えら》びて、これに従《したが》い、その不善《ふぜん》なる者《もの》は、これを改《あらた》む

（述而篇《じゅつじへん》）

意味 三人で行動していると、そこには必ず自分の手本となる人がいる。また、眉をひそめたくなる人もいる。私たちは、手本としたい人のいい所を見習い、眉をひそめたくなる人の悪い所を反省材料とすれば、周りの人たちが、皆わが師となる。

自分の周りの友人を見ていて、「あんなふうになりたい」と思える友人と、「あんなことはしたくない」と思う友人がいるのではないでしょうか。

人の長所を見て学ぶことはもちろんですが、「人の振り見てわが振りなおせ」といわれるよ

うに、人の欠点も、自分にとっては学ぶ材料となる、というのが、この論語の主旨です。

さて、私たちは今まで、友人を持つならば、自分を高めてくれるような人とつきあい、悪い影響を及ぼす人たちとは距離を置いてつきあったほうがよい、と教えられてきました。「朱に交われば赤くなる」というわけです。しかし、この論語は、良いも悪いもすべてとつきあい、そのすべてを学びの対象としなさいというのです。

一見矛盾しているように思われますが、私はこのように解釈してみました。

「朱に交われば赤くなる」という真理は、まだ分別のつかない幼い者への教えであり、未完成の若者への警鐘《けいしょう》ではないでしょうか。

人として的確な判断ができず、しかも、純粋ですぐに色に染まりやすい年齢には、ある程度のガードが必要ということでしょう。

一〇代も半ばを過ぎ、世の中の事情を少しずつ飲み込み、自分自身がある程度確立できる年頃になったならば、「三人行えばわが師あり」は適切な教えとなるのです。

さて、ここでいう三人とは、三という数字にこだわらずに、自分の周りにいる多くの人たちと解釈します。

多くの人と交わると、いろいろな形で、自分の生き方に大きく影響を受けます。その人に学びたいと思う場合は、そのまま自分の気持ちに従っていればいいのですが、そうではない場合にどうするか、ということです。

もしも、交友の中でイヤだなと感じることが多くあったときに、すぐにその人から離れるのではなく、その欠点を時に見過ごし、または受け入れるように努力することが、大切なのではないでしょうか。

なぜならば、一〇〇パーセントいい友だちなどあり得ないからです。おつきあいの中で、ちょっと違うなと思うことは当たり前のことです。自分とは違う考え方や個性、たとえその個性が苦手であっても、それを乗り越えないと、人との交友は難しくなります。そして、その寛容さは、自分自身を、人として、ひと回りもふた回りも成長させてくれます。

人との交友は、自分自身の考え方によって毒にも薬にもなるのです。薬になるような生き方は、人を尊敬できる素直な心と、人から学ぼうとする謙虚な心、そして人を許す寛容さが必要なのです。

和して同ぜず

君子《くんし》は和《わ》して同《どう》ぜず。小人《しょうじん》は同《どう》じて和《わ》せず

（子路篇《しろへん》）

意味 教養のある立派な人は、表面だけではなく心から調和するが、安易に同調はしない。一方、教養がなく品位の劣る人は、相手に取り入って調子を合わせるが、真のつきあいにはならない。

ここで言う「和」とは、相手を心から理解し尊重する様を表わし、「同」とは、相手の言葉や態度にだけ合わせることを言います。

「徳のある人は、自分の考えをしっかり持ち、他人と深く理解しあっているが、やみくもに一緒に行動することはしない。品位の劣る人は、自分自身を見失って他人に追従するけれど、心から信頼したり、また信頼されることがない」と解してもいいでしょう。

孔子は、人との交友は、まず自分自身の考えや立場をよくわきまえて、主体性を持つこと。次に相手の考え方や事情を理解すること。そして、お互いを尊重したうえで、双方の融合点を見出すことが大事、としています。

人の立場を考えるということは、孔子哲学の柱となる「仁」の心です。ですから、同ぜずに和す人が徳のある人、となるのです。

一方、小人、これは、主体性がなく教養に欠けた人のことですが、小人は、自分自身をしっかりと持つことなく他人に引きずられたり、自分にとって都合のよいほうへ傾いていく。これは、和しているのではなく、ただ同じているだけである、というのです。「同じて和せず」は、付和雷同《ふわらいどう》という四字熟語になっているほど、私たちの身近な事柄なのでしょう。

しかしながら、孔子の言うように、いつもいつも和していなければならないのでしょうか。場面によっては同ずることも大切なのではないか、という反論が聞こえてきそうです。

確かに、人とのおつきあいの中で、軽くさらっと感じよくつきあうことも大切です。今の多様化した世の中では、臨機応変に対応することが必要だからです。

実際、自身の交友の中で、深く理解しあってつきあう相手は、長い人生で何人もいないでしょう。多くは、表面的に友好な関係を保って、相手を傷つけず、自分もストレスなくおつきあいすることが、スマートな生き方だと思います。

なのに、なぜあえて孔子は、このような正しすぎることを言うのでしょうか。論語の、この正しすぎて窮屈なことが、論語が敬遠される要因のひとつになっているにもかかわらず、です。

私は、孔子は、原理原則を教えているのであって、「すべてそう生きなさい」と、言っているわけではないと思います。いつでもどこでも、自分自身をしっかり持つために、人としての、根本の考え方を示しているだけなのだと思います。

私は、常々、孔子の教えも真理だが、孔子の教えと逆の教え、たとえば老子の教えも真理と考えています。世の中にはいろいろな考え方があるのが当たり前で、私たちは、その教えを鵜呑《うの》みにするのではなく、転ばぬ先の杖代わりに考えていいと思っています。

とくに、論語は人の心理を深く洞察した教えです。ですから、論語を学んでいると、自分では気がつかない自分自身の心に思い至ることがあります。その気持ちに気がつくだけでも、物事の解決に役立ちます。

論語の教えは、「ほぉぉ」と思い、「でも」と考え、「そういえば」と納得する教えなのかもしれません。

小過を赦し、賢才を挙げよ

有司《ゆうし》を先《さき》にし、小過《しょうか》を赦《ゆる》し、賢才《けんさい》を挙《あ》げよ
（子路篇《しろへん》）

意味　まず、部下にそれぞれ仕事を担当させ、小さな過《あやま》ちは大目に見てゆるしながら、優れた能力のある者を見つけて抜擢《ばってき》せよ。

弟子の仲弓《ちゅうきゅう》が代官になったとき、仕事を進めるうえでの心構えを、孔子に質問しました。

孔子は「小さな過失は大目に見て、賢才を登用《とうよう》するがいい」と答えました。

仲弓は「どうすれば賢才を登用できるでしょうか」と聞きます。

孔子は「まず、お前が知っている範囲で、能力の高い人物を抜擢すればよい。そうすれば、その評判を聞きつけて、お前の知らない優れた人材についても、皆が推薦してくるだろう」

この論語の教えに似た話は、その後の中国の歴史にも垣間見られます。たとえば『十八史略』

という歴史書にも、同じような故事が載っているので紹介しましょう。

「まず隗《かい》より始めよ」という有名なエピソードです。

孔子の時代よりも三〇〇年近く後のことです。燕《えん》という国の昭王《しょうおう》が賢者を招きたいと、師である郭隗《かくかい》に相談しました。すると、郭隗は次のように進言しました。

「昔、家来に千金を持たせて、一夜にして千里を走る名馬を買いに行かせた君主がいました。ところが、家来は死んだ馬の骨を五〇〇金で買って帰って来ました。君主は怒りました。しかし、その家来が言うことには、

「死んだ馬の骨でさえ五〇〇金もの大金を出して買うのです。生きている馬ならばもっと高く買うに違いない、と人は思うはずです。千里の馬はすぐにでもやってくるでしょう」

一年も経《た》たないうちに千里の馬が三頭やってきました。

王様がどうしても賢者を招き入れたいとお考えならば、まずはこの隗から始めてください。そうすれば、この隗よりも賢い者が、遠い国からも仕官しに来るはずです」

こうした話に共通しているのは、自分ひとりの力で探すのではなく、多くの人に関心を持たせて、広く情報を得る工夫をしているところです。よい結果を出すためには、情報を発信することが大切であり、人間の心理をついた発信は、より効果的であることを証明しています。

今では、情報の拡散はＳＮＳなどで簡単にできますが、そういう方法がなかった時代は、いかに知恵を絞るか、または、すばらしい知恵が詰まった古典を読んで勉強するかしか、方法はありませんでした。郭隗のエピソードは、この論語に学んだことかもしれませんが、孔子の発想力には、舌を巻くばかりです。

また、「小過を赦す」ことに関連した話もありますので、紹介しましょう。

これは孔子の孫が言ったとされる話です。ほんの少しのミスを問題にして、優れた能力の持ち主を追い払ってしまうことの愚かさを言う「二卵《にらん》をもって干城《かんじょう》の将を棄《す》つ」という故事です。

「干城の将」とは国を守る軍人のことです。（干城の「干」は楯《たて》の意味で、楯となり城となって、国を守る）軍人として有能な人物を君主に推薦したところ、その人物は、昔役人だった頃に、家々から卵二個ずつを取り立てるという些細な不正を行っていました。それを聞いた君主は、彼の採用に難色を示します。そこで、この言葉を用いて君主を説得した、というエピソードです。

総合的に物事を判断するためには、何が一番必要で何が大切か、ということを優先に考え、そうでないことは許す、という寛容さが大事ということでしょう。

益者三楽　損者三楽

益《えき》する者《もの》に三楽《さんらく》あり。損《そこ》なう者《もの》に三楽《さんらく》あり
（季氏篇《きしへん》）

意味 世の中には、自分のためになる楽しみと、自分のためにならない楽しみと、それぞれ、三つずつある。

孔子が言うには、人には有益となる楽しみが三つ、有害となる楽しみが三つある、というのです。
まず、礼節と音楽をほどよく学ぶ楽しさ、他人の美点をほめる楽しさ、賢い友人を多く持つ楽しさ、これらの三つは、自分のためになる、と言っています。
ですが、人生には、自分のやりたい放題に過ごす楽しさ、怠《なま》けて過ごす楽しさ、飲んで食べて騒《さわ》ぐ楽しさもあります。これらの楽しさからは何も生まれず、かえって害となる、と教えているのです。

孔子の時代の礼節とは、現代よりもっと深い意味を持っていて、国家の安定と平和を守るための、社会の秩序を指しています。また音楽も、二五〇〇年前には、宗教的儀式のための重要なアイテムであり、今ほどの軽い楽しみではありません。ですから、礼節と音楽を楽しむということは、当時としては、かなり高度な教養でした。

そこで私は、この言葉を今風に解釈し、「礼節」を「フェアプレー」、「音楽」を「芸術全般」としてみました。

つまり、フェアプレー精神を持って競技を楽しみ、音楽や絵画などの美しいものを愛する楽しみを持つこと。これらは、学問や教養によって身につくものであり、自己を磨く楽しみのひとつです。

そして、ほかの二つは、他人の美点をほめる楽しみと、賢い友人を多く持つ楽しみとありますが、いずれも、人との交友を通じて人生を楽しむことです。

一方、自分にマイナスになる楽しみとは、何でしょう。

他人への配慮なく、自分の欲望のまま楽しむことです。そして、怠惰に暮らし、楽な道を選ぶことです。また、意味もなく惰性に流れた、酒宴にふける楽しみです。

しかし、ここで私が着目したい点は、たとえ害になること、マイナスになることであっても、孔子はそれらを〈楽しみ〉と表現していることです。つまり、これらが、人として楽しいことであることを、孔子は否定していません。むしろ、誰もが癖になってしまいそうな楽しみであることを、よくわかっています。ですから、楽しみが過ぎるものは、ほどほどにしなさいよ、と警告しているのです。

孔子の哲学の特長は、人の弱さ、愚かさを叱責《しっせき》したり、禁止するのではなく、そういう傾向にある私たちに、その弱さ、愚かさを気づかせ、軌道修正させることにあります。

怠惰《たいだ》や享楽《きょうらく》も、そのむなしさがわかっているのと、わからずに浸ってしまうのとでは、雲泥の差があります。プラスもマイナスも知ったうえで、その場に応じた楽しみ方をしたいものです。

君子もまた悪むことあるか

君子《くんし》もまた悪《にく》むことあるか。子曰《しいわ》く。悪《にく》むことあり

（陽貨篇《ようかへん》）

意味 弟子の子貢《しこう》が、先生に質問。「先生のような教養を重ねた立派な方でも、他人に対して不快感を持つということがあるのでしょうか？」先生の答え。「もちろん、あるとも」

「悪《にく》む」は、「憎む」というよりは、「不快に感じる」といったニュアンスです。この子貢と孔子の会話は、なかなか興味深い展開になっているので、紹介しましょう。

弟子の子貢が孔子に尋ねました。「先生でも憎むことはありますか」

「他人の悪い点を吹聴して回る人。上司や先輩の陰口《かげぐち》を言う人。礼儀知らずの乱暴者や、考えなしに突き進む人」と、孔子は答えます。

そして、逆に子貢に尋ねます。「子貢よ、おまえも憎むことはあるかね」

「人の意見を、さも自分が考え出したかのようにしゃべる人。威張り散らしているだけなのに、それが勇敢だと勘違いしている人。他人の秘密をあばいて、自分は正直者だと自負する人」と、子貢は答えました。

孔子と子貢の問答からは、私たちもまったくそのとおりと納得します。しかし、そういう人たちは、本当に私たちとは違う、一線を隔《かく》す人たちでしょうか。

孔子が憎むところの、他人の欠点を言う、上司を非難する、蛮勇《ばんゆう》、独りよがりなどは、私たちもやりがちなことではないでしょうか。

私たちは、いわゆる常識という範囲の中で暮らしています。常識は、国によって異なり、時代とともに変わっていきます。しかし、その常識を守ることによって、社会は円滑に動いています。そして常識は、私たちを、社会に結びつける役割を果たしているのです。

常識とは、一般の人が共有する、知識や価値観、判断力のことです。それらは、他人を思いやる心や、正しい知識から生まれてきますが、その人の常識が少々ずれていると、私たちは不快感を覚えます。

孔子や子貢が不快に感じる人たちは、その常識を超えた人たち、他人を思いやる心や正しい知識が乏しい人たちではないでしょうか。

私たちは、思いやりとは何か、知恵とは何か、勇気とは何か、正義とは何か、ということを正しく知っていなければなりません。そうでないと、誰でも簡単に「不快感を与える人」に陥ってしまうのです。

第五 知 の章

生きるための知恵を身につけよう

知とは、「知る」ことです。聞いて知る。見て知る。読んで知る。触って知る。経験して知る。知る方法はたくさんありますが、知るという行為は、私たちの毎日の中で意識しなくても行われています。

人間は、本能的に何かを知ろうという欲求があるのでしょう。なぜならば、太古の時代から、生きるためには、自然界の知識を積み重ねなければならなかったはずです。

しかし現代は、生存のためにという目的がないので、知識の欲求は、自分が関心のあることだけに向く傾向があります。関心がないと、どんなにいい知恵や知識が目の前にあっても、素通りしてしまいます。

かつて江戸時代には、藩校や寺子屋というところで、人が生きるうえで必要なことを教えていました。読み書きそろばんと論語です。読み書きそろばんは皆さんも知っていると思いますが、では論語で何を教えていたのでしょうか。

それは、人としての生きる道を教えていました。もちろん江戸時代ですから、今とは違い、一部は封建制度に都合のいい解釈でしたが。

論語は今から二五〇〇年前の書物ですが、政治のあり方や人としての生き方について書かれています。

こういう風な考え方をするといいよ。こんなモノの見方があるよ。正しい人の行いとはこういうものだよ。というような、私たちが知りたいことがたくさん書かれています。

ところが、すぐ目の前のことよりも、ちょっと漠然としているので、多くの人はその知識をなかなか得ようとはしません。私は長年論語を愛読してきたので、そのことを非常に残念に思っています。

熱いお鍋を、熱いと知っていれば気をつけて扱いますが、知らないで触るとやけどをします。

このように、生きるための知恵を知っていれば、転ばないように気をつけられるし、たとえ転んでも最小限のケガですみます。そのためにも、生きるための知恵や知識に関心を持ってもらいたいのです。

その知恵を身につけて、少しでも実行すれば、あなたの人生はよりよくなっていきます。実行は大事です。早起きはいいと知っていても、実行しなければ何の意味もないので。皆さんも、いいことを知ったならば、ぜひ実行してください。

一をもって貫く

わが道《みち》は、一《いち》をもって貫《つらぬ》く
（里《り》仁《じん》篇《へん》）

意味 私の人生は、たったひとつのことで貫かれている。

「一貫《いっかん》する」の語源で、一生変わらずに一つの道を進む、ということです。この語句は、孔子の弟子への言葉ですが、孔子は二人の弟子それぞれに述べていて、この「里仁篇」では孝行者として知られている曾子《そうし》に言っています。

孔子が、「私の今までの生き方は、終始一貫して変わるものではなかった」と言うと、曾子はただ「はい」とだけ応《こた》えました。孔子は、その返事を聞くとすぐにその場を立ち去りますが、他の門人たちにはさっぱり訳がわかりません。そこで、曾子に解説を求めました。

曾子は、「先生は、先生の道は忠恕《ちゅうじょ》を尽くすのみである、とおっしゃったのです」と教えました。

「忠」とは、自分の心に正直であること、「恕」とは、他人への思いやりを持つことであり、「仁」と同じ意味です。

一方、「衛霊公篇」では、孔子門弟で知恵は第一、と自他ともに認める子貢《しこう》に、次のように話しています。

孔子が子貢に尋ねました。「お前は、私が多くの学問を修め、たくさんの知識を持っている人物だと思うか？」。子貢は「はい、そう思っています。違うのですか？」

孔子は、「私は博識などではない。私はただ一つの道を貫いてきただけだ」

ともすると才が先走ってしまう子貢に、知識や学識よりも、一貫した仁の心が大切であることを伝えたかったのでしょう。自分自身、そうやって生きてきたと、孔子は述べたのです。

私たちは、生きるうえで常に判断を迫られています。右にするか左にするか、今なのか待つべきなのか。家庭生活、学校生活や社会に出てからの生活の中で、小さなことから大きなものまでいろいろな決断があります。言ってみれば、その時々の判断の善し悪しが、私たちの人生を決定づけているのです。

その判断、行動基準を、何をもってしているか、を孔子は説いているのです。

知識や学識に頼っているのか。それとも自分の一貫した信念、哲学をもとにしているのか、ということでしょう。

孔子は、常に学び実践することで、知識、見識を身につけ、それらの修行を通して「仁の心」を養ってきました。「仁の心」で物事を見、聞き、判断してきたのです。

本章は、決して「知識」だけではないという、その孔子の熱い心を述べています。

敬遠

敬《けい》してこれを遠《とお》ざく

（雍《よう》也《や》篇《へん》）

意味 人として神や仏を敬うことは忘れないが、決してそれに頼り切らずに、自分の力で誠実にしっかりと生き抜く。

弟子の樊遅《はんち》が孔子に「知とは何ですか？」と質問しました。

孔子は、理解力が少々劣っていた樊遅に、具体的に教えることにしました。

「人としてするべきことを行うこと。そして、神や仏の世界に敬意を払いながらも、それらを遠ざけておくこと。それが知恵というものだ」

「敬《うやま》いながらも遠ざける」この語句が、「敬遠」の語源となりました。『広辞苑』によると、「表面はうやまうような態度をして、実際は疎《うと》んじて親しくしないこと。また、意識して人や物事を避けること」とあり、野球の用語としても使われています。

この「敬して遠ざく」と同じようなことを、宮本武蔵は、「神仏は尊し。されど神仏を頼らず」と言っています。

武蔵は、二九歳までに六十数回の勝負を行い、そのすべてに勝利したと伝えられています。勝負に向かう時、神社に詣《もう》でても勝敗は自分の力で、との決意があったのでしょう。

孔子の哲学は、現実主義であり、実践主義です。自分自身が、現実に実践できることに重きを置いています。今、自分ができることに全力を尽くす、それが孔子の教えなのです。

また、現代の「敬遠」をとらえる時、敬遠される人は時として、正しく清く立派な人が多いようです。なぜ敬遠されるのか？ それは、道理にかなっていても、過ぎれば嫌味《いやみ》になるからです。世の中は多面的です。良かれと思ってしたことが、裏目に出ることはよくあることです。正しいことをしたつもりが人を傷つけてしまい、その結果、人から恨みを買ってしまう。そういう矛盾があることを、よく理解して行動しなければ、よりよい人生を永らえることはできないでしょう。

そこで、少々話は転じますが、私はこの語句の中の「敬う」という言葉に注目してみました。「敬う」とは、相手に対して思うことであり、では、自分に対して思う言葉は何かと考えた時、それは「恥を知る」という言葉かと思いあたりました。

人を見てその美点を敬い、自分の足らざるを知って恥とする。この「敬」と「恥」を持つことは、万物の霊長とされる人間と、本能で生きる動物との、絶対的に異なる点であると思います。「敬」と「恥」は、学ぼうとする姿勢と、反省する力から生まれてくるものであり、人を人として成長させてくれる、大きな要素です。

とくに、日本人の美点は、「恥の文化」と言われます。奥ゆかしさ、謙虚さ、勤勉さに象徴されるように、日本人の美徳の源、エネルギーの元になっています。

今、「敬う」「恥を知る」という規範が薄れてきていますが、人の道として、国家や社会、暮らしや家庭に至るまで、すべてに大切なことである、と認識したいものです。

多聞

多《おお》く聞《き》きて疑《うたが》わしきを闕《か》き、慎《つつし》みてその余《あま》りをいえば、すなわち、とがめ寡《すくな》し

（為政篇《いせいへん》）

意味 たくさんの情報を得て、疑わしいものやあいまいなものは捨てて、言葉を選んで発言すれば、それほど間違いはない。

よく目にし耳にする言葉には、論語から引用している例が多く見られます。この「多聞《たもん》」もそのひとつです。

この論語は、役人としての勤め先を探している弟子に、孔子がアドバイスした言葉です。要約すると次のような意味になります。

「なるべく多く聞くがいい。なるべく多く見るがいい。そして、あいまいな情報は捨てて、言葉少なく慎重に行動していれば、自然に道は拓けてくる」

孔子は、安定した就職先を得るためには、確かな情報を収集することがまず肝心で、情報の疑わしいものやあいまいなものは除くこと。そして、常日頃から言動に注意しなさい、と助言しています。

当時は、郷里での評判が就職に有利に働きました。ですから、言動を慎重にしていれば失敗が少なく、郷里の人たちから推薦を受けられると考えたのでしょう。

時代背景がわからないと、少々理解しにくい論語ですが、ここでは、就職活動ではなく、「多く聞く」に注目してみました。

情報が大事なことは今も昔も変わりませんが、孔子はそれをわかりやすく、「多く聞き多く見る」と教えたのです。

人は元来、聞くことよりもしゃべるほうが得意です。人が話しているときでも、次に自分が話すことを考えていて、人の話を真剣に聞いていないことがあります。ですから孔子は、まず多く聞きなさいと言っているのです。

人の話をよく聞き、多くの経験を経《へ》て、世の中の流れや人の心の動きをキャッチする、それが情報を得るということでしょう。

情報の価値をよくわかっていた戦国の武将は、織田信長です。当時は、情報は、身分の低い者が提供するもので、表舞台には上ってこないのが当たり前でした。

ところが、信長は違っていました。今川義元を破った桶狭間《おけはざま》の戦いで、信長が最大の功労者としたのは、一番槍の武将でも、義元の首を取った武将でもなく、義元が桶狭間で休憩するという、情報を持ってきた者である、というのです。

そういう常識をくつがえすところが、まさに天才と呼ばれる理由だと思いますが、それ以降、信長には情報がたくさん集まったといいます。

かつて、人・モノ・カネといわれた経営資源に、第四の資源として情報が追加され、長い年月が経《た》ちました。いまや情報は、現代社会においては、空気のように当たり前に存在し、安易に手に入ります。

しかし、この情報という必要不可欠なものにも、落とし穴があります。テレビやインターネット、紙面に飛び交う音声や文字によって、さまざまな情報が溢れ出し、私たちは〝脳メタボ〟となっています。

私たちは、不必要な情報、不確かな情報を選《え》り分けて、それらに振り回されることなく、情報の交通整理をしなければなりません。そのためには、自らの感性を高めなければならないのです。
古くから、「多聞」には、多くを聞くことによって多くを知る、博学という意味があります。自分自身の中に核となる知識を確立し、それによって、情報を上手にコントロールして活用することが大切なのでしょう。

一を聞いて十を知る

一《いち》を聞《き》いて、もって十《じゅう》を知《し》る
（公冶長篇《こうやちょうへん》）

意味　一を聞いただけで、一〇のことを理解してしまう。

孔子の弟子の子貢《しこう》が、兄弟弟子の顔回《がんかい》をほめて言った言葉です。

「顔回は一を聞くと一〇を理解するが、自分は一を聞いても二を理解する程度です」

この論語から、物事の一端を聞いただけで全体がわかる、非常に賢いことの表現として使われるようになりました。

顔回は、孔門十哲《こうもんじってつ》の中でも仁徳に優れた随一の秀才で、孔子から後継者として期待されていました。しかし、四〇歳の若さで生涯を終えてしまいます。その時、孔子は「ああ、天われを滅ぼせり」と嘆き悲しんだといいます。

子貢は、孔子より三一歳年少、顔回の一つ年上で、弁舌に優れ商才に長《た》けており、その有能さは天下に知れ渡っていました。その優秀な子貢が、孔子に、顔回とおまえとどちらが優れているかと問われたときに、表題のように答えたのです。

さて、ことわざとして定着しているこの言葉は、頭の回転のよさ、才人を讃《たた》える言葉として使われていますが、私は、論語の本来の意味は別のところにある、と考えています。

それは、「一を聞いて一〇を知る」は、前項の「多く聞く」と同じ教え、と考えているのです。人の話を真剣に聞き深く理解すること、そして、真心をもって人の話を聞くこと、と解釈しています。

さらっと話す事柄であっても、その言葉の奥には、その人の考え方や事情、背景がうかがえます。深く聞き取れば、体験を通しての話か、単なる知識か、本音か、建前か、ということまで察することができます。

また、賢い人の発するひと言は、それがひと言であっても、多くの意味を持っています。優れた先人の、体験を通しての知恵がぎゅっと詰まった、深い内容のひと言だからです。

人の話を聞き、本を読んで、そういう言葉に触れる。そして、そのことをよく考え、自分の血肉にする。それが、「一を聞いて一〇を知る」の、最上の境地だと思うのです。

しかし、そのためには、まず一を聞いて一のことが理解できなければなりません。自身の知識や見識が必要とされるのです。

そのためには、普段からいろいろな物や事柄に興味を持ち、自分の周りに起こっている出来事が、どういうことなのかを知ることが必要です。不得意なことや嫌いなものであっても、一応の基礎知識は持つように努めることが肝心なのです。

小中学校で学ぶ国語・算数・理科・社会・英語の五教科の中には、実生活では必要ないと感じる内容もあります。しかし、過去に学んだうろ覚えの知識があるからこそ、今、新聞やテレビの報道が理解できる、とも言えるのです。

私たちは、よく聞き、よく見て、よく読んで、自らの基礎力を高めなければなりません。

その基礎が大きければ大きいほど、一を聞いたときに、多くのことをより深くわかるようになるのです。

切磋琢磨

切《せっ》するがごとく、磋《さ》するがごとく、琢《たく》するがごとく、磨《ま》するがごとし（学而篇《がくじへん》）

意味 骨や象牙に細工をするときには、まず刀で切り（切）、さらにそれをやすりでみがく（磋）。玉や石に細工をするときには、まずノミで打ちけずり（琢）、さらにそれを砂や砥石でといでみがく（磨）。

人々に広く知れ渡っている四字熟語、「切磋琢磨」の元になった語句です。

人は、学識や人徳を磨くのはもちろん、磨いたうえにもなお磨くことが大事であるということです。近年では、友人同士が互いに励まし合い競争しあって、共に向上するという意味にも使われます。

そして、この言葉は、勉強や仕事に対する心構え、とも考えられるのです。

やるべきことを目の前にしたら、切るがごとく、磋するがごとく、琢するがごとく、磨するがごとく物事に当たれ。努力のうえにも努力を重ね、念には念を入れて取りかかることが、目標に達するコツということでしょう。

しかし、そこには必ず、物事をやり遂げるという強い意志、「志《こころざし》」がなければなりません。

「Where there is a will, there is a way」（意志のあるところ、必ず道あり）
「精神一到《せいしんいっとう》、何事か成《な》らざらん」

欧米の格言と日本のことわざを並べてみましたが、洋の東西を問わず、「志」の大切さを述べたものです。志こそ、目標に向かう出発点ということです。

志を立て、自分の人生の海図を描き、切磋琢磨して事の成就《じょうじゅ》を図る。

かつて、志を抱いて上京してきた人たちは「志ならずんば死すとも帰らじ」の覚悟で故郷をあとにしたといいます。その、最後まであきらめない決意があってこそ、「切磋琢磨」の、念を入れて努力することが可能となるのです。

この教訓は、志を立て、着手し、実行し、最後まで油断なくやり切ることの大切さを述べています。

逆に、道半《なか》ばの心の緩《ゆる》みから物事が達成しないことを、孔子はこう言っています。

「苗の中には、途中で枯れて花の咲かないものもある。花が咲いても、実をつけないで終わるものもある」

言い換えれば、志を立てても、切磋琢磨がないと中途半端で終わってしまう、ということです。

志を立てることを「立志」と言いますが、「立志」と「切磋琢磨」は両輪の関係と言えるでしょう。

遠慮

遠《とお》き慮《おもんぱか》りなければ、必《かなら》ず近《ちか》き憂《うれ》いあり

（衛霊公篇《えいれいこうへん》）

意味 遠い先のことを考えて生きていかないと、近い将来、必ず悩みごとが起きる。

「遠慮あれば近憂なし」ということわざの語源となった論語です。ここで言う「遠慮」とは、遠い先のことを考えることを指します。

目先のことにとらわれて、遠い将来を考えずにいると、近い将来、必ず心配事が起きる、という意味です。

現代の「遠慮する」という言葉とは異なりますが、おそらく「遠くを考えて慎み控える」ということから、今の「辞退する」という意味に変化したのでしょう。

物事を考えるときには、長期的に見ることが大切です。目先のことも大事ですが、おぼろげでもいいから、将来のことも視野に入れて考えるのです。それが「遠慮」ということです。

しかし、長期的に考えることはなかなか難しいことです。なぜならば、よくわからない将来に思いをめぐらすのですから。なのに、なぜ孔子はあえて遠くを慮れと言ったのでしょうか。

それは、「遠慮」するための方法があるからです。

人の考え方や幸福感は、一〇〇年経《た》ったからといって大きく変わることはありません。歴史は繰り返すと言われるように、現在起きていることは、必ず過去にも表われています。

ですから、先のことを見通すためには、歴史を学んで、その時代、時代に生きてきた人たちの知恵を学べばいいのです。

そのことを、「先人の知恵に学ぶ」と言います。本を読んで学ぶ。人の話を聞いて学ぶ。学び方はいろいろあります。

問題なのは、私たち、学ぶ側にあります。学ぶ方法がたくさんあっても、学ぶ側の受け入れ態勢が整っていなければ、「猫に小判」、それは意味のないものになってしまいます。

先人の知恵を学ぶためには、まず学ぶという姿勢を持つことです。「素直」に「謙虚」に「多聞」を心がけて、目的意識をもって学ぶことです。

ちょっと先の目的を決めて、少し遠い目標を考え、ずっと先の将来を見据える。そして、今やるべきことをやる。

これを農作物にたとえれば、「種をまき、水をやり、花を咲かせ、実をとる。そして、この好循環を何年も永らえる」ということでしょう。

「遠慮」とは、将来を思いながら、今を判断し実行する、ということです。逆にいえば、私たちは、将来の夢があるから、今の、小さなことの積み重ねができる、とも言えるのではないでしょうか。

吾十有五にして学に志す

吾《われ》、十有五《じゅうゆうご》にして学《がく》に志《こころざ》す。三十《さんじゅう》にして立《た》つ。四十《しじゅう》にして惑《まど》わず。
五十《ごじゅう》にして天命《てんめい》を知《し》る。六十《ろくじゅう》にして耳順《みみしたが》う。
七十《しちじゅう》にして、心《こころ》の欲《ほっ》する所《ところ》に従《したが》いて矩《のり》を踰《こ》えず

（為政篇《いせいへん》）

意味 私は、一五歳になったころ「勉強する」ことに、心が向かった。そして、三〇歳で自分の考えをしっかりと持ち、四〇歳になった時には、もう迷いはなかった。五〇歳には、生きているうちにやるべきことが何なのかがわかってきて、六〇歳になると、他人の意見も素直に聞けるようになった。こうして、七〇歳になり、何ひとつ我慢《がまん》せずに心のままに行動しても、人の道に外れることはなくなった。

人の一生の節目を、それぞれ、志学《しがく》（一五歳）・而立《じりつ》（三〇歳）・不惑《ふわく》（四〇歳）・知命《ちめい》（五〇歳）・耳順《じじゅん》（六〇歳）・従心《じゅうしん》（七〇歳）と名付けてあります。

孔子が、自分の生きてきた道を振り返って言った言葉です。これらの語句は、そのまま年齢を表わす慣用句となりました。

この「志学」は、「一五歳のときに学問で身を立てようと志した」と解釈されています。孔子は学問の道に志していますが、学問に限らず、やりたいこと、なりたいものを見つけ、それに向かう意思を持つことを、一般的に「志を持つ」と言っています。

「志」は希望であり、願いごとであり、時に野心ともなります。それは、淡い希望や願いごとではなく、念じるほど強い思いから生まれます。

私たちの周りに起こることとは、どんな偉大な発見や事柄も、まず「一念」を持つことから始まります。こうなりたい、こうしたいという、真剣な夢や希望を持つことから始まるのです。

夢は、その一念を持ち続け、絶え間なく努力し続けることによって、形になっていくのです。

しかし、私たちにとって、一念を持ち続けることも、絶え間なく努力し続けることも、たいへん難しいことです。

そこで、「一念」を確認するポイントを設けたらどうか、と考えました。

「一日の計は朝にあり。一年の計は元旦にあり。一生の計は少壮《しょうそう》（若い）の時にあり」

このタイミングで、「一念」を確かめ、初心に返るのです。もしくは、夢や目標を持つチャンスとするのです。

最初は、夢や目標を持つことから始まります。そして、その気持ちを持ち続ける工夫をします。念じ続ければ物事は必ず達成できます。成功する秘訣は、成功するまで努力し続けることです。途中であきらめなければ、まだ成功する前の段階にいるのですから、成功していないとは言えません。

その「一念」を、一日の始まり、一年の始まり、人生の本当の意味でのスタートのとき、それぞれにしっかりと確かめるのです。

そこには、挫折もあります。軌道修正もあるでしょう。心機一転するかもしれません。それでも、この「朝」「元旦」「少壮の時」は、私たちの生活や人生の節目ですから、自分の生き方についてじっくり考える、いいチャンスとなります。

竹は、節を刻むことによって柔軟で強くなります。私たちも節目を刻むことで、けじめがつき、マンネリに陥ることなく、新たな気持ちになれると思います。

ここでは、長い人生のスタートの「決意」の表明として、「志学」について述べましたが、以下、この孔子の言葉に従って、「志学」「而立」「不惑」「知命」「耳順」「従心」について、それぞれを考えてみましょう。

学に志す＝「志学」

「私は一五歳のとき、学問で身を立てようと志した」と孔子は言います。

孔子は、一〇代半ばにして学問に専心しようと決心します。孔子は、決して身分の高い家柄の出身ではなく、また裕福でもなく、ほとんど独学に近い形で学ばなければなりませんでした。

しかし、孔子は学問を愛し、またその学問が世のためになると信じていました。世の中の乱れを正し、人々が平和に暮らせるために、必死で学んだのです。

孔子は学ぶことで、自分はいかに生きるべきか、どのような人間になるべきか、何をすればよいのかを、悟っていきます。「志学」から「立志」へと進んでいったのです。

私は常日頃、「人生の海図を描く」という表現を使っています。海図がなければ船が航海できないように、人生にも海図が必要だと考えているのです。それは、確たるものでなくてもいいのです。おぼろげでもいいから、何をしたいのか何になりたいのか、くらいの目標は立てたほうがいいとお話しています。とくに、若い人たちへの講義には、必ずこの話をします。

「思えば成る」と言いますが、人生のスタートで何より大切なことは、志を立てることです。自分の目標をしっかり胸に抱いて毎日を生き、実行し、継続する。思い立ったが吉日。志を立てることが、スタート地点に立った、ということなのです。

志とは「やる気」です。現代の脳科学では、その人の人生の実績は、能力×やる気であると実証されています。能力は有限ですが、やる気は無限です。やる気が、その人の人生を左右するのです。やる気こそが、志を持つことこそが、物事の成否を分ける境目であると思うのです。

三十にして立つ＝「而立」

「三〇歳で学問を修得し、独自の立場ができた」と孔子は言います。

現在でも、三〇歳頃は経済的に独立し、家庭を持ち、仕事に専心する年齢です。孔子も、青年時代に人生の基礎づくりに励み、三〇歳くらいでひと通りの学問を修め、役人となって社会的にも経済的にも自立しました。

「若くして学べば、壮《そう》にして為《な》すあり」

若い時の苦労は買ってでもせよといわれるように、三〇歳を過ぎると、それまでの苦労の成果がはっきりと現われてきます。

その壮年《そうねん》時代のスタートが、この「而立《じりつ》」のときにあるのです。壮年時代とは、仕事を安定させて経済的に自立し、家庭生活を営み、社会的な立場を得る時期です。人生において、最も輝いている時代と言ってもいいでしょう。

「壮にして学べば、老いて衰えず」

充実した壮年時代を生きれば、実りある老年期が待っています。老いてもなお、心身ともに豊かな生活ができるというわけです。

そういうすばらしい未来のために、「而立」をスタートとして、社会人として世にはばたいていくのです。

壮年時代に、仕事の大切さや社会的な立場を持つことが大事なのは言うまでもありませんが、意外におろそかにされがちなことが、家庭生活の安定です。

「観の章」でも紹介した「修身斉家《しゅうしんさいか》――自分自身を修《おさ》めて一家を斉《ととの》える」。つまり、学問をして自己を確立し、それから、家族を養い安定させることは、まさに三〇代から四〇代に当てはまる言葉です。

家庭生活を安定させるというと、経済的な安定と思われがちですが、それだけでは不十分です。円満な家庭を築くことも、家庭生活の安定だからです。

中でも子育ては、最優先されなければいけないことです。現代は、育児休業制度や子育て支援が整備され、イクメンなどの言葉が生まれるほど、子育てについては関心が高まっています。家庭生活において、子育てはとても重要なことなので、その認識が広まることは大変うれしいことです。

ところで、子育てと言っても千差万別です。かつて五人も六人も兄弟がいたころは、「親がなくても子は育つ」と、よく言われました。兄弟間でいくつもの人間関係が絡み合い、けんかしたり教えられたりして、いろいろなことを学べるからです。

しかし、現代のように、家族単位が小人数の場合はそういうわけにはいきません。お母さんとお父さんの、それぞれの違う立場、目の配り方、考え方を複合して、子育てをする必要があるのです。そういう子育てが、子どもの教育にとっては、何物にも代えがたいのです。お父さんには、ぜひ、子どもの将来を視野に入れて、子育てしてもらいたいと思っています。

また、子どもに教えるときには、「教えの時」があることも覚えておいて欲しいのです。教えるにはタイミングが大事です。いつもそのことを考えていて、子どもの様子をじっと見ている。そして何も言わない。でも、ここぞという時に教えるのです。

反対に、お母さんは、毎日毎日の、ひとつひとつのことにかかわっています。その場その場で、子どもの目線で言い含めるのです。

このような子育ては理想であり、実際はもっとぐちゃぐちゃなものです。ただ、子育ての道理として知っていてもらいたいのです。

四十にして惑わず＝「不惑」

「四〇歳になって、惑うことなく人生に確信を持つようになった」と孔子は言います。

四〇代は、家庭を持ち仕事に励むときです。生きていくうえでの経済力と社会性が相乗効果となって、人生八〇年、九〇年の土台が固まりつつあるときなのです。

そして、これまでの確かな積み重ねがプラスとなり、大きく羽ばたき、自分の生きる方向性が決まるときでもあります。

孔子は、この「不惑《ふわく》」になっても世に知られないようでは、恐れるに足る人物ではないと明言していますが、確かに、四〇代にして人生の基礎ができておらず、社会的にもあやふやで右往左往するようでは、人生レースにおいて幾分出遅れているかと思われます。

しかし、私は、この論語をさらに展開して、別のことに思いが至りました。

それは、四〇になるまでにしっかりとした人生を歩みなさい、というメッセージのほかに、順調な人生を歩んできた四〇代への、戒めが込められていると思うのです。

四〇歳ともなると、ひと通りの経験を積み、いよいよ世間が見えてきます。自信もつき、たいていのことには対応できる余裕が生まれ、他人からの信望も厚くなり、ますます前へ前へと進もうとします。すると、人間の性《さが》として、驕《おご》り、マンネリが心の中に渦巻きます。

また、四〇代は、体力的にもまだまだ若さが残っています。ですから、会社のつきあいや趣味にと、節制することなく暴飲暴食、睡眠不足、運動不足などを繰り返してしまいます。

ですから、不惑の時に、初心に返って立ち止まり、自分の人生も健康も見直しなさい、と言うのでしょう。

「惑わず」とは、これからの人生を思い、まず謙虚に腰を低くして、今一度、自分を省《かえり》みることです。そして、それを確信するときなのです。

種をまき、水をやり、丹精込めて育てた花が、徒花《あだばな》（実を結ばない花）となり、実績が残せない……そういう悲劇を生まないために、マンネリに陥らないような工夫をし、驕りがないか常に心に問いかけなさい、と言うのです。

いくらか物事がうまくいった、世の中が少し見えてきた、そういうときに、大きなミスジャッジが起こりがちです。これは誰でもが持っている、人としての本性です。「順調だな」と思える時こそ、気を引き締めなくてはなりません。世の先人たちは、その本性を何とかしなければと、知恵を絞ってきたのです。

五十にして天命を知る＝「知命」

「五〇歳になって天命を知り、自らの進む道をひたすら追い求めた」と孔子は言います。「天命」とは天から与えられた命令、使命のことです。

これまで〝良し〟と思って進んできた道が、自分の運命だと思える人生は最高です。しかし、運命と確信してからも、そこで安心したり油断したりせずに、もっともっと極めるためには、更なる努力が必要です。孔子の言葉からは、その覚悟が読み取れます。

運命には、「宿命《しゅくめい》」と「立命《りつめい》」があります。男として生まれる、女として生まれるというような、自らでは変えようのない先天的なものを「宿命」といいます。

それに対して「立命」とは、自分の意志と努力などで変えられる運命のことをいいます。たとえ不運な出来事であっても、運命だからとあきらめるのではなく、知恵と実行力で好転させることができる、それが「立命」です。志を立て、そのために運命を切り拓くことが、「立命」なのです。

孔子は、次のように言っているように思います。

「五〇になっていよいよ人生の半ばが過ぎ、来《こ》し方を振り返り、またこれからの行く末に思いを致す。これまで過ごしてきた体験を通して、仕事のこと、家庭のこと、社会人としての生き方について考えてみる。それが自ら選んできた立命であったと確信する。そして、六〇代、七〇代へと向けて、人生の集大成をするとき、五〇の今が、そのスタート地点である」と。

人生の折り返し地点である五〇歳のとき、「これでいいのか」と自分の生き方を問い、確認したうえで人生の後半に備えよ、という奥の深い教えです。

話を転じますが、知命《ちめい》のとき、本来の仕事を仕上げた後に、自分が本当にやりたかったことに舵を切り、そこから人生を再スタートした人物がいます。佐原（現在の千葉県香取市佐原）の豪商だった伊能忠敬《いのうただたか》です。

忠敬は一七歳のとき、佐原の酒やしょうゆを醸造する商家に婿養子に入りました。事業を縮小していた婚家を盛り返し、家督を息子に譲った後、五〇歳のときに江戸に出て、天体観測や測量の勉強をします。日本地図作成のための測量の旅に出るのは、その五年後、五五歳のときです。

知命の年に、今までと同じ道の更なる次を進む人、また、まったく別の新たな道を歩む人それぞれですが、大事なことは二つ、確固たる「基礎」があることと、強固な「志」があることです。

どちらも、並大抵のことではありませんが、私たちは私たちなりの「知命」を感じられれば、とても幸せなことと思います。

六十にして耳順う＝「耳順」

「六〇歳になって、他人の意見も素直に聞けるようになった」と孔子は言います。

「耳順《じじゅん》」とは、何を聞いても素直に受け入れる、人としての高度な境地を指しています。

若いときは、人の意見を素直に聞くことは案外難しいものです。親の助言や先輩や友人のアドバイス、ましてや年下の意見など、無心になって耳を傾けることはなかなかできません。必ず心の中では、「でも」とか「だって」とか「違うなぁ」とか、「何を言ってるんだ」というコメントを入れながら、聞いているのではないでしょうか。

孔子は、六〇歳になってやっと、誰が言っても何を聞いても、素直に心に響くようになったというのです。

「聞き上手」という言葉があります。一見、聞くことよりも話すほうが重要に、また難しいと思ってしまいがちですが、どうでしょうか。話すことには、確かに優れた能力が表われます。しかし、聞くことは、人としての器量が問われるのです。

人の話を聞くためには、まず、相手の様子を見ながら、何を言いたいのだろうかと考え、そして、相手の置かれた状況を汲み取りながら、理解しようと心掛けなければなりません。自分自身を主張する前に、まず話し手を受容し、話し手の立場に立たなければ、上手に聞くことができないのです。

ここに、孔子が「耳順」を重んじる理由があるのです。相手の立場に立つという「仁」の心の実践が、「耳順」なのです。

徳川家康は、身分の低い家来の、取るに足りないことにも耳を貸したそうです。側近が「なぜあんな価値のない話を聞くのですか」と尋ねたところ、「話を聞いてあげれば臣下は満足する。それに聞く態度を示していないと、もっと大事な情報のときに進言してこなくなる」

また、徳川幕府二六〇年の基礎を築いた、数々の決まりごとである「武家諸法度《ぶけしょはっと》」ができたのは、七〇代の家康が、弱冠《じゃっかん》二〇代の林羅山《はやしらざん》という学者の意見を聞いたからです。家康の「聞き上手」が徳川幕府の基礎を築いていたのです。

人の本性は自己保全にあります。自己を表現し主張するのは自然なことであり、必要なことです。ですから私たちは、話すほうに力が入るのです。でも、「聞く力」をもっと磨くと、人としての幅ができ、交友関係が円滑になり、情報も多く入ります。こんなにいいことずくめの「聞き上手」、どうぞ実践してみてください。

七十にして心の欲する所に従いて矩を踰えず＝「従心」

「七〇歳になり、何ひとつ我慢《がまん》せずに心のままに行動しても、人の道に外れることはなくなった」と孔子は言います。

孔子は、「志学」「而立」「不惑」「知命」「耳順」と、年を追うごとに、自らの人格形成の節目を述べています。その到達点が七〇歳、「従心」というわけです。

孔子の人生は、挫折の連続だったといわれています。早くに親と死別し、貧しく育った孔子は、苦学して役人となります。乱世の中、紆余《うよ》曲折《きょくせつ》を経《へ》ながらも、五〇になってやっと、生まれ故郷の魯《ろ》の国の要職に就きます。が、五六歳のとき、魯の政治に失望して官職を辞し、魯の国を出て、諸国を渡り歩きます。

孔子は、自らの思想に基づいた政治論を説きますが、どの国にも受け入れてもらえず、失意のまま、一三年にわたる旅を終え、魯に帰ってきます。孔子六九歳、それから四年間、七三歳で世を去るまで、弟子の教育に専念します。

「従心」は、孔子の晩年の心境です。野心を捨て、いろいろな困難を乗り越えて、初心に返ったとき、ふと気づくと、心と体が自然に道徳の道に従っていた、ということです。いわば、長い人生の道を全うした、達人ということでしょう。

剣豪宮本武蔵が、隠居して静かに暮らしていた時です。ある夏の夕暮れ、武蔵は縁台《えんだい》に座り、ゆったりと夕涼みをしていました。すると剣客が現われ、武蔵に切りかかってきたのです。武蔵は間髪《かんぱつ》を入れず、縁台の上に敷いてあったゴザを引き寄せました。剣客はもんどり打って倒れ、そのまま逃げていきました。

とっさの武蔵の行動は、剣の達人ならではの「無意識の技」でしょう。頭で考えず、心で思わず、勝手に体が動いたのです。日頃の鍛錬が身についていて、条件反射のように、手足が適切に反応したのです。

これは、修練を繰り返すものならば、すべてのことに当てはまります。スポーツや道を究めるもの、学問の世界にもいえることです。

基礎を繰り返し繰り返し行っていると、無駄がそがれ、無理やムラがなくなり美しい形となります。更に極めていくと、勘が働き、予測ができるようになり、新たな発見や発明につながります。

そういう達人の境地が、論語では、「従心」なのです。長い人生の積み重ねによって、私たちは「従心」へと導かれるのでしょう。

知命・知礼・知言

命《めい》を知《し》らざれば君子《くんし》たること無《な》きなり。
礼《れい》を知《し》らざれば立《た》つこと無《な》きなり。
言《げん》を知《し》らざれば人《ひと》を知《し》ること無《な》きなり

（堯日篇《ぎょうえつへん》）

意味 天命を知らなければ、真のリーダーとは言えない。礼を知らなければ、人の上に立つことはできない。言葉の真意を知らなければ、本当に人を知ることはできない。

この論語は、二〇篇、五一二章にわたる論語の最終章です。命を知る（知命）礼を知る（知礼）言を知る（知言）で、「三知《さんち》」といわれています。

論語は、国を統治する君主に向けて教えている事柄が多く、この章でも、リーダーの心構えを言っています。

「命」とは天が与えた使命のことで、リーダーは、自分は何のために生まれてきたのか、何をしなければならないか、この世に生を受けた意義を知る、ということです。リーダーには、自らの信じる道を歩み続ける強い意思と、それを実践する勇気、気迫がなければならないと教えています。

「礼」とは社会の秩序のことであり、人間関係の調整を意味します。社会の枠組みや人間関係の調和を図れなければ、人の上に立つことはできないという教えです。礼は、孔子が社会生活において最も重んじたことです。

「言」とは人の心の声です。言葉には、その人の考え方や人柄が表われます。ですから、リーダーは、人の話をよく聞いて、相手が言おうとしている本当の意味や、人柄を洞察しなさいと教えています。

この「三知」を、リーダーだけの知恵としないで、私たち、普通の人のために応用すれば、こういうことになるでしょうか。

「知命」を、自分のやりたいことを見つける、と解釈します。目標を持って、その実現を目指す。漠然とした将来に夢を持ちながら、現実の一歩を確実に進んでいく。それは、今まで述べてきた、「志を立てる」ことであり、「切磋琢磨する」ことです。

「知礼」を、社会生活を円滑にする、と解釈します。学校生活、会社生活、家庭生活のほとんどが、人間関係です。自分もいいが人もいい、という妥協点を見つける。そのためには、相手の立場に立って考えるということでしょう。

「知言」を、多く聞く、と解釈します。今まで、聞くことの大切さを何度となく述べてきました。それほど、聞くことは、簡単なようで難しいということでしょう。自分が話すよりも、人の話を聞くほうが、何倍も頭の回転を必要とします。そして、我慢を必要とします。ストレスもたまるでしょう。しかし、すぐに実行できることでもあります。徐々に徐々に、聞く習慣を身につけていけばいいのです

論語は、「まず学ぶこと、そして学んだことを実践すること」で始まり、「命を知り、礼を知り、言を知る」で結ばれています。要約すると、知識を身につけることは、人の道の第一歩であり、次に実践し、経験や体験を通してもっと深く知ること、いわゆる見識、胆識《たんしき》とすることが目標、ということでしょう。

本書に出てくる論語（五十音）

◆力《ちから》足《た》らざるものは、中道《ちゅうどう》にして廃《はい》す。今汝《いまなんじ》は画《かぎ》れり（雍也篇《ようやへん》）——87

◆知者《ちしゃ》は惑《まど》わず、仁者《じんしゃ》は憂《うれ》えず、勇者《ゆうしゃ》は懼《おそ》れず（子罕篇《しかんへん》）——49

◆知者《ちしゃ》は水《みず》を楽しみ、仁者《じんしゃ》は山《やま》を楽《たの》しむ。知者《ちしゃ》は動《うご》き、仁者《じんしゃ》は静《しず》かなり。知者《ちしゃ》は楽《たの》しみ、仁者《じんしゃ》は寿《いのちなが》し（雍也篇《ようやへん》）——139

◆遠《とお》き慮《おもんぱか》りなければ、必《かなら》ず近《ちか》き憂《うれ》いあり（衛霊公篇《えいれいこうへん》）——186

◆徳《とく》は孤《こ》ならず。必《かなら》ず隣《となり》有《あ》り（里仁篇《りじんへん》）——46

◆歳寒《とくさむ》くして、しかる後《のち》に、松栢《しょうはく》の彫《しぼ》むに後《おく》るるを知《し》る（子罕篇《しかんへん》）——113

◆朋《とも》あり。遠方《えんぽう》より来《き》たる。また、楽《たの》しからずや（学而篇《がくじへん》）——134

◆為《な》す所《ところ》を視《み》、由《よ》る所《ところ》を観《み》、安《やす》んずる所《ところ》を察《さっ》す（為政篇《いせいへん》）——126

◆閔子《びんし》、かたわらに侍《じ》す。誾誾如《ぎんぎんじょ》たり。子路《しろ》、行行如《こうこうじょ》たり。冉有《ぜんゆう》、子貢《しこう》、侃侃如《かんかんじょ》たり。子《し》楽《たの》しむ（先進篇《せんしんへん》）——76

◆敏《びん》にして学《がく》を好《この》み、下問《かもん》を恥《は》じず。これを文《ぶん》と謂《い》うなり（公冶長篇《こうやちょうへん》）——40

◆故《ふる》きを温《あたた》めて新《あたら》しきを知《し》れば、もって師《し》たるべし（為政篇《いせいへん》）——18

◆朋友《ほうゆう》には切切偲偲《せつせつしし》、兄弟《けいてい》には怡怡《いい》たれ（子路篇《しろへん》）——111

◆政《まつりごと》を為《な》すに徳《とく》をもってす（為政篇《いせいへん》）——57

あとがき

論語は、解釈によって千変万化する読み物です。読み手によって、同じ言葉でも、いろいろな教訓に変化します。

著者が青春のころ、働き盛りで家庭を持ったころ、そして、子育てを終わり八〇歳になろうとしている今――論語には、どの時代にも、どの場面にも、ふさわしいアドバイスがありました。

そのくらい論語は、私の生活に密着していました。それは、私が常に論語を勉強していたからではなく、小さい時から論語の言葉に慣れ親しみ、また親きょうだいから、論語にあるような教えをされていたからだと思います。

江戸時代、藩校や寺子屋で、子どもたちは、論語を意味もわからず素読していました。まず論語の言葉を覚えて身につけ、意味はその後に学んでいたのです。当時から昭和の初めまでは、論語は生活に密着していたのです。

論語の難しさは、まず漢字の多さと、わかりにくい言葉の多さにあります。大事な言葉を簡潔に、必要な言葉だけを抽出できれば、もっと論語はやさしく身近なものになるでしょう。

そこで、本書では、論語のエキスになる言葉だけを選んで、多くの言葉を省くようにしました。論語を教えるというスタンスではなく、論語の言葉を知って欲しい、という観点から論語を紹介しています。

論語を知るきっかけとして、本書を読んでみてください。また、もっと勉強したい方は、巻末に掲げた学術書を参考にするとよいでしょう。

本書は論語を通して、私が見聞きしたこと、考えたこと、実行したことをもとにして書いたものです。どうぞ皆さんの傍らに置いていただければ幸いです。

この本が世に出るにあたり、学校図書株式会社の中嶋則雄さん、北辰文化倶楽部事務局の浅海世津子さんにご協力いただきました。擱筆《かくひつ》にあたりお礼申し上げます。

著者

参考文献

吉田賢抗『論語』　昭和三五年五月二五日　明治書院
金谷　治『論語』　昭和三八年七月一六日　岩波書店
簡野道明『論語解義』　昭和三八年九月一五日　明治書院
今里　禎『孟子』　昭和三九年七月一〇日　徳間書店
村山　孚『孫子・呉子・尉繚子・六韜・三略』　昭和四〇年六月三〇日　徳間書店
島田虔次『大学・中庸』上・下　昭和五三年八月五日　朝日新聞社
安岡正篤『老荘思想』　昭和二一年一一月一〇日　明徳出版社
安岡正篤『東洋思想十講』　昭和五二年一一月一五日　全国師友協会
安岡正篤『王陽明研究』　昭和五六年三月一五日　明徳出版社
山岡荘八『徳川家康』　昭和二八年～四二年　講談社
勝部真長『氷川清話』　昭和四七年四月三〇日　角川書店
広瀬幸吉『海舟の論語的生き方』　平成二〇年九月一日　学校図書

広瀬幸吉

（ひろせ こうきち）

1940（昭和15）年、千葉県習志野市に生まれる。早稲田大学大学院修了。学校法人北辰学園理事長　北辰文化倶楽部理事長。
大学院では斎藤金作教授に師事し、「少年犯罪」を研究テーマに、教育心理学を学ぶ。在学中より東洋思想に共鳴、勉学の傍ら私塾を設け『論語』を講じる。また、折にふれ、信州の大自然の中で東洋思想についての研鑽を重ねる。その逗留先の正福寺が、NHKラジオドラマ『鐘のなる丘』の舞台となった戦争孤児施設の隣にあり、住職・藤森景正師は子どもたちの教誨師であった。
大学院修了後、『鐘のなる丘』に因み、「とんがりぼうしのやちよ幼稚園」と名づけた学校法人北辰学園を千葉県八千代市に設立。同時に、陽明学者安岡正篤氏の主宰する「全国師友協会」に入会。月刊誌「師と友」によって東洋哲学の薀蓄に触れる。1988（昭和63）年、千葉県船橋市に「北辰文化倶楽部」を創設し、東洋思想の研究、出版及び講演会を主催。
知は行いによって完成する「知行合一」を信条とし、自らもビル経営等の事業に専心している。

〈主な著書〉

『現代に生きる論語』、『新 現代に生きる論語』、『まんがde論語 上・下』『海舟の論語的生き方』『心を強くする論語 人生が変わる名言』（以上、学校図書）、『人間関係をよくする気づかい術』『人生をよりよくする人間形成術』（以上、東京書籍）、毎日中学生新聞に一年間連載した『中国の知恵』など。

令和版 **生きるための論語**

2019年10月1日　第1刷発行

著　者……………… 広瀬 幸吉
発行者……………… 中嶋 則雄
発行所……………… 学校図書株式会社
〒114-0001東京都北区東十条3-10-36
電話 03-5843-9433　FAX 03-5843-9440
印刷所……………… 図書印刷株式会社

乱丁・落丁がありましたら、おとりかえいたします　ISBN978-4-7625-0237-8